Anne-Lise

Je t'offre ce livre avec
Amour et tendresse.

En souvenir du cours
" Promotion de la santé."

Une amie qui t'aime

A.M. Finini

© LIBRAIRIE DE L'INCONNU - 1997
84, RUE DU CHERCHE-MIDI - 75006 PARIS
TÉL. : 01 42 22 02 16 - FAX : 01 42 22 46 17

I.S.B.N. 2-87799-089-3

C. AUDIER

LE GRAND LIVRE DU REIKI

Remèdes, guérison et santé

LIBRAIRIE DE L'INCONNU éditions

Le Reiki est sagesse et vérité.

HAWAYO TAKATA

Introduction

**LE REIKI, FORCE DE VIE :
CE QU'IL PEUT VOUS APPORTER.
DE STUPÉFIANTS RÉSULTATS
DANS LE DOMAINE THÉRAPEUTIQUE**

Vu d'avion, c'est-à-dire pour qui n'a pas encore, de l'intérieur, pris conscience du miraculeux éventail de possibilités offert par cette méthode révolutionnaire, le reiki pourrait être défini comme une forme supérieure de «magnétisme spirituel», une médecine naturelle venue du Japon mystérieux. La réalité est tout autre.

Certes, le reiki permet d'obtenir de stupéfiants résultats dans le domaine thérapeutique ; à tel point que certains ont cru bon de le réduire à cette unique facette,

7

partie immergée de l'iceberg, en offrant par là même une vision éminemment restrictive. On pourrait affirmer, pour utiliser une image on ne peut plus prosaïque, qui le rendra probablement plus «assimilable» aux lecteurs occidentaux, que le reiki ressemble à ces couteaux suisses multiusages, qui deviennent vite indispensables à ceux qui l'expérimentent. De la même manière, le reiki prend peu de place, ne nécessite pas de bagage intellectuel particulier et peut se pratiquer partout.

L'aspect thérapeutique, s'il demeure essentiel, car étant une des bases originelles du reiki et l'un de ses éléments fondateurs, ne constitue cependant qu'une infime partie de ses possibles applications.

LA QUÊTE SPIRITUELLE N'EST PAS UNE CONDITION SINE QUA NON POUR L'APPRENTISSAGE DU REIKI...

...MAIS LE REIKI, INÉVITABLEMENT, MÈNE CELUI QUI LE PRATIQUE À UNE OUVERTURE SPIRITUELLE.

Si celle-ci en particulier connaît, à l'exclusion de tout autre, la gloire des feux médiatiques, c'est que ses effets, à moins d'un inébranlable scepticisme fortement teinté de mauvaise foi, peuvent être difficilement niés.

L'aspect curatif, d'autre part, jette un pont vers le rationnel, sans lequel le reiki n'eût pu prendre la place majeure qu'il occupe dans le domaine des «nouvelles thérapies».

C'est sous cet angle-là que l'ont abordé de nombreux praticiens, avant de découvrir que le reiki était, avant toute chose, une éthique de vie et une initiation permanente, qui nous rend à jamais élèves de l'univers en nous rendant à notre nature profonde.

C'est que pour comprendre tout à fait la nature et les fonctions du reiki, il convient de se référer à des concepts spirituels qui peuvent heurter nos convictions cartésiennes, et si la quête spirituelle n'est pas une condition sine qua non pour entreprendre la démarche de son apprentissage, en revanche le reiki mène quasi inévitablement à une ouverture spirituelle ou, comme diraient certains ésotéristes, une ouverture du «chakra du cœur».

Le reiki, en effet, est un ensemble de techniques éprouvées nous permettant de nous accorder, à la manière dont on accorde un instrument, avec la Force de Vie Universelle.

Après avoir travaillé sur nos propres énergies et les avoir canalisées (nous utilisons souvent notre propre force de vie à des buts essentiellement négatifs, tels que l'agressivité, l'angoisse, le stress, alors qu'elle peut devenir puissance constructive et régénératrice), nous nous ouvrons à l'énergie vitale à l'œuvre dans l'Univers.

C'est en elle que nous puisons la force de guérir, même si, comme nous l'avons signalé, cette orientation n'est qu'une des multiples applications possibles des techniques proposées par le reiki.

MÉDITATION, RELAXATION,
THÉRAPIE HOLISTIQUE,
PSYCHOTHÉRAPIE ALTERNATIVE,
MAGIE BLANCHE...

LE REIKI EST TOUT CELA !

Si l'apprentissage du reiki demeure relativement simple (on peut en apprendre les bases essentielles en un week-end), son action sur notre organisme et l'ensemble de notre existence demeure extrêmement complexe et ne peut se limiter au champ du rationnel. Thérapie holistique que l'on pourrait rapprocher du magnétisme, méthode particulièrement efficace de relaxation et de méditation, psychothérapie alternative, magie blanche utilisant la puissance cosmique, le reiki est tout cela à la fois. Mais il est cependant bien d'autres choses encore. Il met à la portée de tous ces «connexions avec l'univers» ces «courants de vie» dont parle abondamment Henry Miller dans ses œuvres.

Abordons tout d'abord l'aspect thérapeutique, puisque c'est pour lui et par lui que de nombreux Occidentaux viennent au reiki. Passes, souffles, impositions qui sont les bases du magnétisme n'ont, en reiki, qu'un sens très relatif.

En effet si, dans le premier cas, les mouvements des mains revêtent une importance primordiale (longitudinaux, latéraux ou circonvolutifs), en revanche dans la discipline dont ce livre est l'illustration, seule compte leur position dans l'espace.

LA QUANTITÉ DU "FLUIDE" DIFFUSÉE DÉPEND DES BESOINS DE CHACUN... NON DE LA VOLONTÉ DE L'OPÉRATEUR.

L'endroit du corps où elles sont appliquées (mais on peut également pratiquer le reiki sans qu'il y ait contact physique, que ce soit à quelques centimètres du «malade» ou à distance) est également de peu d'importance. Cette singularité vient du fait qu'à l'inverse des magnétiseurs, le praticien du reiki n'utilise pas son énergie propre, mais celle qui est à l'œuvre dans l'univers. Cette énergie se répand dans le corps du patient et facilite en lui le processus d'auto-guérison, se répartissant dans les zones du corps qui en ont le plus besoin. Si nous ne craignions de heurter la sensibilité matérialiste de notre frileux hexagone, nous pourrions parler, dans une certaine mesure, d'énergie intelligente. Le praticien ici n'est qu'un canal qui rend perceptible à celui qu'il traite le flux vital qui l'entoure. La quantité de «fluide» ainsi diffusée ne varie qu'en fonction des besoins de chacun, et non de la volonté de l'opérateur. C'est pourquoi celui-ci n'éprouve pas la fatigue ou la lassitude qui peut, parfois, s'emparer du guérisseur «à bout de souffle». Certes, dans l'optique de son rôle curatif, l'école dite du «magnétisme spirituel» semble obéir, à priori, aux mêmes caractéristiques que le reiki. Il existe cependant une différence fondamentale entre ces deux disciplines : le magnétisme spirituel se base avant tout sur la pratique de la prière et spécifie que plus haut sera notre niveau d'évolution et plus ardente notre foi en Dieu, plus efficace seront nos résultats. Or, le reiki ne nécessite nulle croyance particulière et ne se rattache à aucune religion spécifique.

METTRE CORPS ET ÂME
AU DIAPASON DE L'HARMONIE
UNIVERSELLE.

Là où le magnétisme spirituel (opposé, rappelons-le, au magnétisme animal qui, lui, ne se base que sur le développement de notre propre énergie vitale... et n'en obtient pas moins des résultats !) pose comme postulat de départ que seule une progression spirituelle intensifiée peut nous donner le pouvoir d'aider autrui à se guérir, c'est au contraire par la pratique des méthodes préconisées que le reiki va permettre à l'opérateur de s'ouvrir à la spiritualité.

De plus, pour en finir avec le magnétisme, nous dirons que, dans la plupart des cas, celui-ci s'attaque essentiellement aux symptômes manifestés, même si force nous est de reconnaître qu'il existe des magnétiseurs scrupuleux ayant étudié le corps humain afin de mieux appliquer leurs soins.

Or, non seulement le reiki ne requiert pas de connaissances anatomiques spécifiques mais, de plus, il s'attaque en profondeur au mal, ne s'occupant pas de « guérir » mais de « rééquilibrer », c'est-à-dire remettre corps et âme au diapason de l'harmonie universelle, sans que, rappelons-le, la volonté propre de l'opérant, qui ne fait que transmettre une énergie indépendante de lui, ait à intervenir en ce sens.

LE REIKI TRAVAILLE SUR LES COUCHES PROFONDES DE NOTRE SUBCONSCIENT, METTANT EN LUMIÈRE LES POTENTIELS INEXPRIMÉS EN NOUS.

Quelles sensations éprouve-t-on en administrant ou en recevant le reiki ? Cette question cruciale possède, paradoxalement, une multitude de réponses. Il arrive, dans certains cas, que les sensations éprouvées par le donneur et par le receveur soient à l'opposé les unes des autres. L'un sent le froid le traverser tandis que l'autre est envahi par une chaleur bienfaisante. Ou l'inverse. Il arrive également que seule l'une des deux parties ressente quelque chose. Ou que ni l'un ni l'autre n'éprouvent, sur le moment, de sensations particulières. Certaines personnes, lors du premier degré d'initiation au reiki, s'étonnaient de ne rien éprouver au moment des exercices. Mais, par la suite, ils constataient souvent de profondes modifications non seulement organiques, mais également au niveau de leurs conceptions et de leur état d'esprit. Le reiki est un cheminement spirituel qui passe parfois par d'étranges chemins. On pourrait comparer le travail qu'il accomplit à l'intérieur de nous-même à celui de l'argile. Mais dans une certaine mesure seulement. En effet, de la même manière que cette matière draine les toxines hors de l'organisme et peut révéler des déficiences latentes, la pratique du reiki peut, dans un premier temps, révéler des déséquilibres énergétiques en accentuant le mal traité avant de l'éradiquer. Mais là où l'argile n'agit qu'à un niveau purement organique, le reiki travaille sur les différentes couches du subconscient, mettant en lumière l'ensemble des potentiels inexprimés en nous et les obstacles que nous aurons à surmonter pour parvenir à exprimer notre personnalité profonde dans toute son intensité. Lors du travail sur le reiki, notre inconscient se livre à tout un cheminement intérieur qui nous mènera vers la lumière de la vie et la régénération. Tout ce que nous n'osons pas exprimer rejaillira à la surface, afin que nous en prenions conscience et puissions utiliser ce que nous pensons être négatif dans une démarche constructive et créative. La colère, la violence ne sont que des expressions mal dirigées, mal canalisées, au même titre que l'angoisse, de notre force de vie. Il est vrai, comme on peut le constater lors d'initiations au reiki, que bien des gens redoutent la confrontation avec leur propre vitalité, cette énergie qui leur permet de se dépasser et de se prendre en charge.

LE REIKI N'EST NULLEMENT INCOMPATIBLE AVEC D'AUTRES FORMES DE THÉRAPIES, QU'IL SECONDE HARMONIEUSEMENT.

La thérapie par le reiki est holistique, puisqu'elle ne concerne pas seulement notre seul fonctionnement biologique, mais également mental, psychologique, énergétique et spirituel. Ce que les techniques curatives du monde entier nous ont transmis à travers les siècles, à savoir que tous ces domaines sont interdépendants les uns des autres et qu'on ne peut soigner et guérir autrui à un seul de ces niveaux, le travail sur l'un de ces domaines entraînant nécessairement une interaction, la médecine des pays industrialisés n'en reprend que très lentement conscience, après avoir souscrit aveuglement au credo du «tout organique». Pour de nombreux maîtres de reiki, l'âme, l'esprit est la coquille protectrice du corps. La maladie, dans cette optique, est une rupture d'équilibre, une perturbation de fréquence par des pensées parasites négatives. On se rapproche en ce sens des conceptions chamaniques des Indiens d'Amérique du Nord et de certaines tribus sibériennes, pour lesquels la maladie est également disharmonie énergétique, même si leurs conceptions s'entourent d'un certain nombre de rites théologiques. Fritz Zorn n'affirmait-il pas dans *Mars,* son incandescent ouvrage autobiographique : «Je meurs d'un cancer de larmes rentrées»... À ce propos, deux précisions s'mposent : si le reiki a permis, comme nous le verrons plus loin en étudiant l'histoire de ses principaux protagonistes, des rémissions spectaculaires dans certains cas de cancer, cela ne signifie nullement que le reiki soit un «remède» absolu contre le cancer. Ici, tout systématisme serait particulièrement dangereux. D'autre part, si le reiki joue un rôle de régulateur de nos différents corps (en commençant par ce que l'on nomme le «corps énergétique» ou aura), il n'est nullement incompatible avec d'autres types de thérapies, qu'il complète et seconde la plupart du temps de manière fort efficace.

UN FLEUVE QUI CHARRIE HORS DU CORPS ET DE L'ESPRIT TOUT CE QUI PEUT FAIRE OBSTACLE À NOTRE FORCE DE VIE...

L'usage du reiki permet une cicatrisation plus rapide, un atténuement des douleurs et nous mène peu à peu à une meilleure gestion de notre corps, une véritable prise de conscience de notre identité corporelle et des besoins que celle-ci suscite. Si cette technique engendre

quelquefois de véritables «miracles» au niveau de la régénération des tissus, le miracle n'est cependant pas son indispensable corollaire. Certains symptômes se doivent
d'être soignés par l'allothérapie ou certaines médecines
parallèles en sus du reiki. Il faut concevoir le reiki comme
un fleuve qui charrie les impuretés hors du corps et de
l'esprit et nous permet d'en prendre conscience pour
mieux les éradiquer. Le mot «impureté» ne répond ici à
aucun précepte moral, dont les maîtres de reiki se pré-
servent ; il s'agit ici des obstacles à la force de vie universelle et à son expression en nous, c'est-à-dire notre propre
énergie vitale.

Le reiki n'est pas, à proprement parler, une méthode pour atteindre la relaxation ni favoriser la méditation,
à l'instar de la sophrologie par exemple ; mais il l'induit
naturellement, sans que nous ayons pour cela besoin
d'une concentration particulière. Si le but du pratiquant
n'est pas de changer de niveau de conscience, il l'atteint
cependant bien souvent sans efforts.

Cette particularité est extrêmement flagrante lors
de l'autothérapie, c'est-à-dire quand le pratiquant dispose lui-même ses mains sur son propre corps, plus spécifiquement au niveau du visage.

Le terme d'«autothérapie» peut sembler ici im-
propre puisqu'il n'est à priori pas question de soins ni de
guérison. Il est pourtant parfaitement adapté à ce type de
situations car, si l'Occident conçoit avant toutes choses
le terme de thérapie comme s'appliquant essentiellement
aux déficiences anatomiques, l'homme oriental s'intéres-
sera davantage à la santé de l'âme, de l'esprit, à l'équilibre et l'expression de notre énergie vitale.

LE CHOIX, LES DÉCISIONS, LES IDÉES NOUS VIENNENT PLUS AISÉMENT APRÈS UNE SÉANCE DE REIKI...

Ne pouvoir exprimer notre propre énergie en harmonie avec l'énergie universelle, ne pouvoir réaliser nos potentialités sont des maladies de l'âme qui peuvent être guéries, même si la santé de l'esprit nous inquiète davantage que les handicaps engendrés par sa déficience, avec lesquels nous nous sommes plus ou moins «familiarisés».

En régulant les flux d'énergie qui sont en nous, nous affinons notre sensibilité, que nous parvenons, grâce au reiki, à gérer et canaliser pour l'utiliser dans un but de construction et de libération intérieure. De délivrance, même, puisqu'il nous devient difficile de revenir en arrière, de régresser une fois qu'on a expérimenté la puissance du reiki.

Son application éclaircit notre pensée. Il est fréquent qu'après une autothérapie, on sente en soi l'énergie, y compris l'énergie mentale, circuler plus librement. Les choix, les décisions, les idées viennent plus aisément et le travail à accomplir semble s'organiser de lui-même.

Le reiki amène parfois à des changements de vie radicaux, si notre mode de vie est faussé et ne correspond pas à nos aspirations profondes. Toute méditation et relaxation, accompagnée ou non de visualisation, sera amplifiée par la pratique du reiki.

D'autres types de phénomènes, liés à la pratique du reiki, ont souvent été notés, entre autres le développement des dons médiumniques.

UNE PRATIQUE QUI NOUS AMÈNE VERS LA «CONSCIENCE UNIVERSELLE»... NOUS NOUS SENTONS PARTIE INTÉGRANTE DU COSMOS, CO-CRÉATEURS DE L'UNIVERS.

Le pratiquant se souvient plus facilement de ses rêves, davantage chargés de sens et quelquefois prémonitoires. Les exercices de voyance semblent également facilités. N'est-il pas logique qu'en régulant notre énergie vitale, le reiki nous permette de constater l'émergence d'une part occultée de notre sensibilité ? Pratiquer le reiki nous mène, de la même manière, vers cette «conscience planétaire» dont parle notamment Peter Russel dans *La Terre s'éveille*. Nous ne nous sentons plus séparés, isolés, mais éléments actifs d'une énergie universelle, parties intégrantes du cosmos possédant un rôle et une place, co-créateurs de l'univers en quelque sorte. Certains participants à des séminaires de reiki affirment, lors du transfert d'énergie, qu'ils transmettent le reiki, le reçoivent ou lui permettent de s'exprimer avec eux dans le cadre de l'autothérapie, voir apparaître une lumière blanche – la couleur quelquefois change, mais celle-ci est la plus fréquemment citée. Sans doute perçoivent-ils la circulation de l'énergie, de la même manière que d'autres visualisent l'aura, ayant aiguisé leurs perceptions en s'ouvrant au reiki. Entendons-nous : si vous vous attendez à ce que de tels phénomènes se manifestent dès votre première séance, sans doute serez-vous cruellement déçu. Mais il est rare qu'une pratique quotidienne du reiki ne vous entraîne pas à un moment ou à un autre vers ce type de sensations. Le reiki, de toute façon, n'est pas une quête d'une manifestation extérieure quelle qu'elle soit, mais bien d'une transformation intérieure. Comme le dit la Bible «le reste vous sera donné par surcroît».

LE REIKI NOUS PERMET DE SORTIR DES CERCLES INFERNAUX EN PRENANT CONSCIENCE DES BLOCAGES ET EN NOUS DONNANT L'ÉNERGIE POUR LES SURMONTER ET LES TRANSCENDER.

Nous avons parlé de «psychothérapie alternative» et nous comprenons qu'à priori cette attribution puisse surprendre. Comment une simple imposition des mains pourrait-elle nous permettre de résoudre nos névroses ? C'est oublier que le reiki est avant tout une régulation de l'énergie vitale, une harmonisation avec le courant de vie qui parcourt l'univers. Cependant, cette orientation nécessite quelques réserves. Certains cas graves nécessitent des traitements «lourds», autrement dit le recours à la chimiothérapie. D'autres ne peuvent trouver leur résolution qu'à travers la psychanalyse ou la psychothérapie. Le rôle du reiki, considéré en tant que méthode, n'est pas de tenter de se substituer à des traitements existants, mais de leur donner un vigoureux coup de pouce qui accélère sans traumatismes inutiles le processus de métamorphose. De nombreuses personnes, comme en témoignent les ouvrages de plusieurs maîtres de reiki et mes expériences personnelles, ont vu, lors de séances, souvent en autothérapie, apparaître des phénomènes de leur enfance et pu ainsi définir la source de leurs blocages pour mieux les comprendre et les gérer. Le reiki est un déverrouillage total. De même, et ce pratiquement dans tous les cas, le magnétisme personnel se trouve renforcé par l'application du reiki, la volonté peut s'exprimer plus librement et sans rigidité, on reprend confiance en soi et en la vie. Le reiki mène à une meilleure compréhension de soi-même, des mécanismes qui nous régissent et par là même demeure un excellent remède contre le stress, les états dépressifs, le découragement. Nul doute qu'en comparant, sur appareil Kirlian (l'expérience n'a pas encore à mon sens été tenté ; elle le fut avec des médiums ou des magnétiseurs) le rayonnemenent magnétique d'une personne avant et après un mois de pratique quotidienne du reiki, on ne note des différences notables.

LA SIMPLICITÉ DES MOYENS REQUIS N'EXCLUT PAS L'EFFICACITÉ, COMME LE CONSTATENT LES PRATIQUANTS...

Après tout, le rebirth, qui permet de libérer de certains cercles infernaux en nous faisant revivre les épisodes enfouis de notre vie passée qui y préside, et ce par le seul biais de techniques respiratoires particulières, n'obéit-il pas au même type de principes ? La simplicité des moyens, leur économie même ne signifie pas nécessairement une absence d'efficacité. Loin de là. Signalons cependant que le reiki demeure infiniment moins brutal que le rebirth. S'il nous «régule», c'est toujours en fonction de notre capacité à recevoir. Son action ne procède jamais par chocs émotionnels trop violents, mais par petites touches, parfois presque insensiblement, nous amène à nous modifier. Beaucoup s'aperçoivent par exemple, après quelque temps de pratique, qu'il leur vient des pensées et des modes de raisonnement auxquels ils se sentaient jusqu'alors étrangers, comme si leur conception du monde qui les entoure avait profondément changé. Et il s'agit exactement de cela. Le reiki s'inscrit cependant en marge des psychothérapies existantes, puisqu'il ne peut par exemple être classé dans le domaine des «thérapies corporelles», dont la fasciathérapie, le rebirth ou l'intégration posturale demeurent les exemples les plus flagrants. Certes, il y a la plupart du temps contact, mais non action délivrante. Les mains ne sont ici que des points de jonction et des canaux permettant à l'énergie de se diffuser.

SI TOUS LES BIENFAITS QU'IL PROCURE NE SONT PAS RATIONNELLEMENT EXPLICABLES, PEU IMPORTE, PUISQUE NOUS POUVONS BÉNÉFICIER DES RÉSULTATS !

Bien entendu, le reiki n'est pas non plus une thérapie par la parole. On pourrait presque parler de «psychothérapie passive» qui résulte d'un état d'ouverture au monde et à l'énergie qui le traverse et le meut.

Le terme de «magie blanche» pourra surprendre encore bien davantage. Le reiki n'a aucune prétention à la Science avec un grand S ; il s'agirait plutôt d'une forme de «spiritualité concrète». Si tous les bienfaits qu'il procure ne sont pas, loin s'en faut, rationnellement explicables, peu importe après tout, puisque nous bénificions des résultats. Certes, l'esprit cartésien (encore que… Descartes à «ne rien accepter à priori» croyait bon d'ajouter «ne rien nier à priori») pourra se sentir quelque peu perdu. Mais à ceux-là, nous répondrons qu'ils n'ont qu'à accorder quelques mois de leur temps à une pratique quotidienne du reiki pour constater par eux-mêmes le bien-fondé de telles affirmations. Qui dit magie blanche dit généralement «prière», en opposition aux rites occultes des magistes.

LA FORCE VITALE UTILISÉE VA, PAR NATURE, VERS LA VIE, LA CROISSANCE, L'HARMONIE ET L'ÉPANOUISSEMENT.

En fait, le prêtre comme le praticien des arts magiques ont recours au même type d'énergies, la plupart du temps neutres, mais le canalisent différemment et surtout orientent différemment la force requise. Or, le reiki peut, de la même manière, être canalisé vers une personne, un animal, une plante (pour favoriser leur croissance par exemple) ou même le monde des événements. En ce sens, on pourrait le relier à ce que Cornélius Agrippa appelait «magie naturelle» puisque ayant recours à la force de vie à l'œuvre dans l'univers pour la diriger vers un but précis et changer le cours de notre existence. Si nous parlons de «magie blanche», c'est que la force vitale utilisée va, par nature, vers la vie, la croissance, l'harmonie et l'épanouissement. Il est donc rigoureusement impossible de la faire aller à contresens de sa fonction première. Il s'agit donc ici de féconder l'événement, de l'arroser comme on arrose une plante.

De toute manière, cette méthode ne demeure accessible qu'après une certaine pratique du reiki pour une raison qui sera aisée à comprendre : il faut, pour y parvenir, une parfaite maîtrise de l'énergie vitale. On pourra alors avoir recours à des témoins, comme en radiesthésie (éléments corporels, photo, éléments ayant appartenu à une personne ou représentant symboliquement la situation souhaitée) ou à la visualisation. Comme nous le verrons au cours de cet ouvrage, le reiki peut également être pratiqué à distance.

Cependant, il est probable qu'une fois atteint le niveau de qualité nécessaire à ce type de transmission du reiki, vous n'en éprouverez plus le besoin, vous réalisant plus pleinement dans votre existence. Le philosophe romain Sénèque affirmait «ce n'est pas parce que les choses sont difficiles que nous n'osons pas, c'est parce que nous n'osons pas que les choses sont difficiles».

CE QUI EST POSITIF POUR LA CONSTRUCTION DE VOTRE ÊTRE, QUI VA DANS LE SENS D'UNE HARMONIE, SE PRODUIRA SANS EFFORTS.

La pratique assidue de la méthode reiki a permis à de nombreuses personnes d'oser, de se libérer de la peur qui jusqu'alors entravait leurs actions. Plus vous affirmerez votre personnalité, plus vous serez en harmonie avec les forces qui vous entourent et moins il vous sera nécessaire d'avoir recours à l'élément magique, qu'il s'agisse de «féconder l'événement» ou de pratiquer la voyance en utilisant un support. Parce que le reiki vous deviendra aussi naturel que votre respiration. Affirmant clairement vos désirs et sachant mettre en œuvre les moyens nécessaires à les réaliser (nous ne parlons pas ici des envies passagères mais des désirs profonds), ayant amélioré votre communication avec autrui, devenu réceptacle de la force de vie universelle, ce qui est positif pour la construction de votre être, qui va dans le sens d'une harmonie, se produira sans efforts. Quant à la médiumnité, elle est chez chacun de nous latente, et le reiki vous permettra de développer votre intuition de manière telle que vous capterez les informations nécessaires à éclairer les autres (et à vous éclairer vous-même) sans le recours d'un support. En ce sens, on peut dire que le reiki va à l'inverse de tout mysticisme et de toute forme de parapsychologie, puis-qu'il n'est en aucun cas une quête du phénomène (exta-se, manifestations telles que télépathie ou télékinésie). Il est avant tout une technique de mieux-être qui nous amè-ne à ce type de «révélations», qui n'en constituent pas l'es-sentiel, non comme un but en soi, mais comme quelques-unes des légitimes expressions des couches profondes de notre personnalité. C'est une différence qui semble légè-re. Elle est pourtant capitale.

SI SES PRINCIPES DE BASE FURENT DÉCOUVERTS AU JAPON, LE REIKI EST UNIVERSEL ET PEUT S'APPLIQUER À CHACUN D'ENTRE NOUS.

Certains nous reprocheront peut-être d'avoir mis, comme le dit la sagesse populaire, «la charrue avant les bœufs» en ne donnant pas de prime abord une traduc-tion, fût-elle très approximative, de ce mot énigmatique : le reiki. Il s'agit là d'une «erreur» parfaitement volontaire.

Tout d'abord, nous ne voulons en aucun cas donner l'impression, même fugitive, que le reiki est une «discipli-ne orientale» à laquelle on ne sacrifie que par goût de l'exotisme. Si ses principes furent découverts au Japon, le reiki est avant toutes choses universel et peut s'appliquer à chacun d'entre nous sans distinction de race ou de reli-gion. Cependant, l'explication du mot nécessitait de vous familiariser avec certains concepts qui, s'ils demeurent présents en Occident, restent un mode de pensée minoritaire. D'autre part, on ne peut véritablement appréhender le reiki que de l'intérieur, par le vécu. C'est pourquoi nous avons tenté de définir les possibilités offertes par l'énergie du reiki, afin de mieux faire comprendre le vaste champ d'expériences qu'il ouvrait au praticien.

À vrai dire, le mot «reiki» ne peut être traduit de manière littérale, tout au plus est-on susceptible d'en donner une approche approximative. Le préfixe «rei» implique une dimension cosmologique, comme pour dire que l'approche du reiki ne se borne pas à la seule dimension humaine. Quant au suffixe «ki», il est bien connu de ceux qui ont déjà pratiqué des disciplines ayant pour berceau le Japon. On le trouve également sous la forme «chi».

Le Chi ou Ki n'est autre que l'énergie vitale, la force de vie, qu'on nomme chez les Indous prana, qui fut le pneuma des Gaulois, en Mélanésie le «mana», chez les Indiens d'Amérique du Nord «manitou», chez les Chrétiens Esprit Saint («ne blasphémez jamais contre l'Esprit Saint» nous enseigne la Bible, ce qui est on ne peut plus logique car ce serait blasphémer la puissance de vie elle-même)… on n'en finirait pas d'énumérer les diverses déclinaisons que connut ce concept à travers les siècles et les civilisations.

C'est un concept quelque peu oublié au profit d'une conception purement matérialiste de l'Univers, héritée du XIXᵉ siècle, et que la physique quantique a, dans les dernières décennies, sérieusement mis à mal.

Le Chi ou Ki se rencontre dans les mots Aïkido, Chi-Kong, Taï Chi Chuan.

ESPRIT ET MATIÈRE DEMEURENT INTIMEMENT LIÉS, C'EST POURQUOI LE REIKI TRAVAILLE SUR TOUS LES PLANS À LA FOIS.

Chacune de ces méthodes nous montre une voie possible pour exprimer notre énergie vitale et nous mettre en harmonie avec l'énergie qui émane de toutes choses (comme le prouvent d'ailleurs les expériences réalisées grâce à l'appareil Kirlian qui décèle un rayonnement tant chez les hommes et les animaux que chez les plantes, les pierres ou même les objets). En résumé, on pourrait donner du terme «reiki» la traduction suivante : l'énergie à l'œuvre dans l'univers, à travers le cosmos. Donner d'office une telle définition, c'eût été, en regard de nos conceptions occidentales, fausser l'image du «reiki» en le situant sur un plan spécifiquement spirituel et mystique. Si nous connaissons, par l'éducation judéo-chrétienne d'une part, par la religion du matérialisme de l'autre, une séparation radicale et quasi schizophrénique entre le corps et l'esprit (mépris de la chair et de la matière pour l'une, explication purement neuro-cérébrale de notre aspiration à la transcendance de l'autre), il est loin d'en être de même dans certains pays orientaux, où les deux ne font qu'un et se dynamisent l'un l'autre. Certes, par le corps l'esprit peut s'exprimer à travers la matière, mais par l'esprit, le corps peut connaître. Esprit et matière sont intimement liés, c'est pourquoi le reiki ne se place pas sur un seul plan, une seule face du dé cosmique, mais sur tous les plans à la fois. Il en est de même pour l'acupuncture, qui travaille sur l'énergie et dont les points, ne correspondant pas à des terminaisons nerveuses, n'en permettent pas moins, par correspondance, à se lier avec les énergies cosmiques.

LA PURIFICATION DU CANAL, AFIN QU'IL CAPTE MIEUX L'ÉNERGIE VITALE ET PUISSE LA TRANSMETTRE, PASSE PAR LE NETTOYAGE DU MENTAL, MAIS AUSSI DU CORPS...

Les moines shaolin, parvenus au terme de leur initiation, avaient le choix entre continuer à méditer dans le temple ou retourner vers le monde des hommes afin de transmettre leur savoir et de le confronter à l'autre. Il n'existait pas de hiérarchie dans le choix. Le spirituel doit pouvoir se vivre à travers la matière ; il est en même temps mystique et pratique ; il n'y a pas en dépit des apparences, du moins de notre point de vue occidental, de contradiction entre ces deux termes, mais une réelle complémentarité. Lorsqu'on demandait au sage Lao-Tseu la définition d'un sage, celui-ci fit une curieuse réponse : «Quelqu'un dont le gros intestin fonctionne bien.» Une bonne «gestion» des énergies à l'œuvre dans l'univers pour le bénéfice de tous ne peut passer que par un équilibre corporel. Telle semble être la «leçon» de cette anecdote. Et dans le reiki, la «purification» du canal, afin qu'il soit apte à recevoir, passe nécessairement par un nettoyage du mental mais aussi du corps. L'un ne peut aller sans l'autre, même si dans ce cas de figure, le travail se fait, nous n'irions pas jusqu'à dire sans douleur, mais d'une manière qui n'est aucunement traumatisante.

Au Japon, le Reiki est considéré comme une méthode naturelle permettant de vivre harmonieusement, en favorisant le progrès spirituel de l'homme par le contrôle du corps et de l'esprit.

La pratique du Reiki n'est pas seulement utile pour acquérir une bonne santé, conserver sa jeunesse et prolonger la vie, mais elle est aussi destinée à développer la force intérieure qui permet à l'homme de surmonter les défaillances et les épreuves avec sérénité.

Si le vocabulaire est imprécis, la puissance de cette «force intérieure» est bien réelle... et à notre disposition.

Pour en bénéficier, il est nécessaire tout d'abord d'en prendre conscience, puis de la maîtriser, ensuite de la développer et enfin de l'utiliser efficacement pour soi et pour les autres.

L'objet de cet ouvrage est donc de vous livrer les secrets de la méthode du Reiki d'une manière simple et didactique.

Pour rassurer d'emblée les profanes, sachez que le Reiki n'est pas une croyance, c'est plutôt la recherche d'un développement intérieur de la conscience, qui agit directement au cœur même de la réalité.

Il n'est donc pas question d'obéir aveuglement à des commandements traditionnels ou de suivre des conduites socio-culturelles bien établies, mais de se réaliser progressivement, pour aboutir à l'entière libération de l'esprit.

La méthode livrée dans ce manuel est la meilleure, parce qu'elle comporte des positions qui sont exécutées dans un but bien défini.

Cette dernière empêche la déperdition d'énergie et favorise l'équilibre de l'organisme.

Elle permet d'avoir une santé parfaite, un équilibre et une harmonie physique qui assurent le bonheur, la paix et la joie de vivre.

Sous son aspect physique, la méthode du Reiki a une valeur autant curative que préventive.

Comme thérapie préventive, elle est sans égale.

En tant que méthode curative, elle s'avère efficace pour remédier à presque tous les maux physiques, et souvent, même lorsqu'ils sont devenus chroniques.

Parce qu'elle enseigne à l'homme une manière de vivre saine, naturelle, normale qui, suivie correctement, sera bénéfique pour chacun de nous, elle met l'accent sur le retour aux méthodes naturelles, de préférence à celles nées des habitudes de vie artificielle.

À tous ceux qui ont été déçus par leur vie matérialiste et à tous ceux qui se trouvent inextricablement engagés dans des complications de toutes sortes, le Reiki apporte l'espoir et la confiance en soi.

Il met en lumière le côté pratique et psychologique des problèmes de la vie et de la conscience spirituelle et il est, en fin de compte, une méthode unique pour obtenir un épanouissement complet de la personnalité.

Le Reiki nous enseigne à ne pas dissiper nos forces inutilement, il nous apprend aussi à nous dominer et à conserver une attitude positive envers la vie.

C'est ainsi que le Reiki nous conduit vers l'amour universel. Et c'est par l'amour seul que nous pouvons créer la fraternité humaine entre toutes les nations du monde.

Si le Reiki ne se répandit, comme une traînée de poudre, à travers l'Occident que dans les années quatre-vingt, c'est pour une raison des plus évidentes : comme nombre de disciplines, la transmission du reiki est essentiellement orale. Pour s'initier à cet art, pendant plusieurs décennies, les Occidentaux devaient être, sur place, initiés par un maître japonais. Or, peu eurent la persévérance dont témoigna toute sa vie Usui. Ceux qui ont tenté le voyage, après avoir enseigné le Reiki dans les pays européens (l'Allemagne fut en ce sens un pionnier), conclurent que pour propager plus rapidement cette méthode, il leur fallait se plier aux ukases occidentaux, dont les enseignements, à l'inverse de l'Orient, sont essentiellement livresques… du moins dans un premier temps. Ainsi, dans les années quatre-vingt, des ouvrages commencèrent à naître, sous la plume de maîtres de Reiki, et rencontrèrent l'adhésion et l'engouement que l'on sait. Puisse celui-ci vous donner l'envie d'aller plus loin dans votre quête du Reiki. Si vous pratiquez régulièrement les méthodes que nous indiquons dans ce livre, vous ne tarderez pas à prendre confiance des bienfaits du Reiki, qui peut littéralement changer notre vie en vous accordant, tel un instrument, aux vibrations de l'harmonie universelle. Le Reiki est un voyage dont on ne revient pas indemne et qui peut entraîner de profondes métamorphoses. Par lui, si vous en respectez les règles, vous pourrez atteindre à votre plein épanouissement, car la peur ne tiendra plus le gouvernail de votre existence, dont vous pourrez désormais éviter les écueils grâce à une vigilance accrue. Peut-être découvrirez-vous des champs d'exploration, des pistes que nous n'avons pas signalées ; n'oubliez cependant jamais un précepte essentiel : «Ce que tu donnes, dit un proverbe soufi, t'est acquis pour toujours, ce que tu gardes pour toi est perdu à jamais.» C'est particulièrement vrai en ce qui concerne le reiki, car plus cette énergie circule en nous, à travers nous, plus elle est communiquée et plus elle renouvelle son flux dans notre organisme et dans notre conscience.

PREMIÈRE PARTIE

Origines et définition du Reiki

LA LÉGENDE DU REIKI

C'EST EN S'INTÉRESSANT À L'ASPECT MATÉRIEL,
CONCRET, APPLICABLE DE LA SPIRITUALITÉ
QUE LE DOCTEUR USUI A PU METTRE AU POINT
LA MÉTHODE REIKI.

COMME nous allons le voir d'ailleurs, c'est en s'intéressant à l'aspect matériel, concret, applicable de la spiritualité que le Docteur Mikao Usui mit au point la méthode reiki. Sa quête spirituelle l'a conduit au corps humain,
tout comme dans le reiki on part du corps pour aller vers
la spiritualité. C'est là un véritable casse-tête chinois, tant
pour les ésotéristes que pour les personnes éprises de logique, mal à l'aise lors de leurs premières séances de reiki, parce que confrontés à un phénomène qu'elles ne
peuvent ni expliquer ni ranger dans une case : l'élargisse-
ment de leur champ de conscience. Si Usui est docteur,
c'est en théologie. Alors que la religion officielle est le

shintoïsme (elle le sera jusqu'en 1945) Usui, lui, est chrétien. Ce respectable professeur dirige une petite université à Tokyo. Nous sommes à la fin du siècle dernier (nous reviendrons plus longuement sur les raisons de l'éveil tardif de l'Occident au Reiki). Apparemment, rien ne semblait devoir bouleverser une existence paisible à priori destinée à continuer sur son rail. Mais une question d'apparence anodine va semer la confusion dans l'esprit du respectable docteur.

UNE QUÊTE QUI DURERA DES ANNÉES… MAIS SERA COURONNÉE DE SUCCÈS.

Il n'aura de cesse avant d'en avoir découvert la réponse ; il consacrera à cette quête de nombreuses années de sa vie. Une quête acharnée qui finira pourtant par porter ses fruits. Car avec le Reiki, Usui trouvera son Graal. Mais n'anticipons pas trop… Un étudiant lui demande s'il faut prendre les mots de la Bible pour une réalité concrète, bref si on doit la prendre pour parole d'évangile. Pour Usui, c'est une évidence et il le dit à son élève. Mais voici que celui-ci insiste. Ne parle-t-on pas, dans la Bible, de paralytiques guéris, d'aveugles retrouvant la vie, de marche sur les eaux… et il ne cite là que quelques-uns des miracles qui, dit-on, furent accomplis par le Christ. A-t-il vu, de ses yeux vu, lui Mikao Usui, de tels phénomènes ? A-t-il pu les constater par lui-même ? Tout autre qu'Usui aurait probablement haussé les épaules, traitant mentalement l'élève d'insolent, ou aurait fourni une réponse de jésuite, suffisamment subtile pour semer le doute chez le récalcitrant, et tout aurait été dit. Tel n'est pas le caractère d'Usui. Ce n'est pas un hasard si, comme nous le verrons plus loin, il a posé l'honnêteté comme un des principes majeurs du reiki. Honnêteté non seulement vis-à-vis des autres, qui ne s'entend pas seulement d'ailleurs sur un plan matériel, mais également, mais surtout honnêteté vis-à-vis de soi. Ne pas tricher avec soi-même, ne pas se mentir est sans doute l'une des bases fondamentales de toute initiation véritable. C'est à un examen de conscience en profondeur que le Docteur Usui se livre et force lui est de reconnaître qu'il n'a de la spiritualité qu'une approche purement théorique.

USUI ESTIME QU'IL NE PEUT CLAMER SA FOI ET L'ENSEIGNER S'IL N'A PAS VÉCU DANS SON CORPS LES MIRACLES ACCOMPLIS PAR LE CHRIST ET SES DISCIPLES, S'IL N'EN A PAS LA PREUVE TANGIBLE.

Concrètement, il n'a pas vécu la transcendance, pas été en contact avec l'essence de la vie, le magnétisme universel. Le Docteur quitte son honorable poste et se remet à étudier, à l'Université de Chicago. Il pense pouvoir trouver la clé dans les textes visibles… non tels qu'ils sont parvenus à sa connaissance, mais intacts, à la source, en version originale, originelle. Il apprend hébreu, grec ancien et latin, afin de pouvoir déchiffrer les manuscrits dans le texte. En vain, car l'original ne renseigne pas davantage que ses copies sur les techniques et les gestes employés par Jésus pour opérer ses guérisons miraculeuses. Usui est au désespoir : des années de recherches partaient ainsi en fumée. C'est profondément désemparé qu'il rentre dans

son pays natal. Beaucoup auraient abandonné définitivement une telle quête, persuadés de son inanité. Il faut comprendre que ce type de démarches cependant n'est pas gui-
dé par la passion telle que nous l'entendons, mais bel et
bien par son honnêteté, sa pureté fondamentale. Usui ne
peut affirmer sa foi dans les miracles accomplis par le
Christ, ni davantage les enseigner s'il ne peut en éprouver
par lui-même la réalité tangible. Sinon sa foi ne serait
qu'un mensonge, des mots appris et dépourvus de sens. La
quête du sens : cette expression si galvaudée retrouve ici
toute sa plénitude. Ce que cherche avant tout Usui, c'est de
pouvoir être en accord avec lui-même, sa foi et le monde.

VINGT ET UN JOURS DE JEÛNE TOTAL AU SOMMET D'UNE MONTAGNE, EN QUÊTE DE L'ILLUMINATION, DE L'ULTIME CLÉ.

C'est sa vie tout entière, ses convictions profondes
qu'il met en jeu sur l'échiquier. Il ne veut pas tricher. S'il
échoue, toute son existence n'aura été qu'usurpation.
Usui reprend donc le lent cheminement initiatique qui le
mènera vers sa vérité. Il a un nouvel espoir, une nouvelle
piste : ne dit-on pas que Bouddha possédait lui aussi le
pouvoir de guérir ? Habité par sa quête, Usui lit à perdre
haleine des manuscrits traduits du sanskrit. Certes, ceux-
ci évoquent les faits, mais non la méthodologie. C'est elle
que recherche avidement le docteur ès théologie, par elle
qu'il dissiperait le doute qui malgré tout le tenaille. Mais
peut-être l'application pratique de se savoir n'a-t-elle été
transmise que de manière orale à travers les générations…
Usui se met en marche et frappe à la porte des monas-

tères bouddhistes. Sa question est toujours la même, et la réponse ne diffère guère d'un monastère à l'autre. Guérir l'esprit est déjà un sacerdoce imposant, pourquoi s'occuperaient-ils de guérison des corps ? N'y avait-il pas sur terre quelqu'un qui put comprendre sa démarche ? Elle semblait paraître à tous insensée. Et pourtant... il savait, au fond de lui, qu'elle était parfaitement légitime, voire essentielle. Au détour d'un des multiples chemins empruntés dans sa quête de vérité, il rencontre l'abbé d'un monastère zen, qui s'intéresse lui aussi à l'aspect pratique de la spiritualité. Usui s'installe dans le monastère et consulte toutes les traductions japonaises et chinoises en bonne place dans la bibliothèque. Recherche qui ne lui apporte pas davantage... mais il ne veut pas renoncer avant d'avoir épuisé toutes les pistes possibles. Avec une persévérance rare, quand on sait l'infructuosité de ses études à l'Université de Chicago, il étudie le sanskrit pendant sept ans, afin d'étudier les textes dans leur langue d'origine. Cette fois, il trouve ce qu'il cherche : explications techniques et symboles figurent au menu de notes prises par un élève de Boudhah. Il vient de trouver la porte, il ne lui manque plus que la clé : de quelle manière utiliser ces méthodes pour les pratiquer lui-même. Cette clé, il sait intuitivement qu'il ne la trouvera que dans son propre esprit. Désavoué par l'abbé, qui le dit trop faible pour une telle entreprise – mais n'est-il pas trop près du but pour retourner en arrière ou stagner ? –, il décide de se rendre, vingt et un jours durant, en haut d'une montagne réputée sacrée. Au terme de ces vingt et un jours – il a emporté vingt et un cailloux et en jette un chaque jour – il saura comment guérir ou abandonnera définitivement la lutte, quoiqu'il lui en coûte.

PHÉNOMÈNES SURNATURELS OU HALLUCINATIONS DUS À UN TROP LONG JEÛNE ? PEU IMPORTE, PUISQU'AU BOUT SE TROUVAIT LA RÉVÉLATION DU REIKI ET DE SES APPLICATIONS !

Vingt jours se passent sans faits notables, sinon sa gorge sèche et son ventre creux. Usui est épuisé. Peut-être a-t-il péché par trop d'orgueil et doit-il maintenant redescendre ? Non ! Il lui reste encore un jour avant de laisser ses projets en plan... là encore il tiendra jusqu'à avoir épuisé toutes les ressources de cette nouvelle possibilité. N'a-t-il pas agi ainsi depuis plus d'une décennie ? Or, c'est le dernier jour au matin que se produisit le «miracle». Les esprits cartésiens risquent de se faire tirer l'oreille car si, jusqu'alors, les faits relatés demeurent «vérifiables», le récit des événements à venir ne peut être avéré que par la narration qu'en fit ultérieurement Usui. Nous leur ferons cette concession qu'il se peut que les phénomènes que nous allons décrire ne soient nés que des seules hallucinations d'un vieillard au bord de l'inanition. Point de détail, car l'essentiel est qu'ils furent suivis d'une révélation, même si celle-ci ne fut que le fruit d'un cerveau en état modifié de conscience et non d'une intervention «surnaturelle», terme commode pour désigner tout ce pour quoi nous n'avons pas d'explication rationnelle immédiate à donner. Voici que lui apparaît une boule de lumière blanche. Saisi d'une légère appréhension, il sait qu'il ne doit pas bouger. La boule semble contenir une masse d'énergie considérable, car son rayonnement est si intense qu'il le plonge dans une transe qu'on pourrait qualifier de «chamanique» (on dit que le futur chaman est désigné par le fait qu'il ait été touché par la foudre et y ait survécu). Aussitôt, des bulles colorées se mettent à danser devant lui. Il voit à travers elle les symboles apparus dans le manuscrit sanskrit, en capte spontanément le sens et la façon dont il devra les utiliser. Quelques heures plus tard, Usui sort de sa transe et sait qu'il a atteint au but. Il a pris connaissance avec la force de vie et nul obstacle ne s'oppose plus à sa transmission.

ALLER VERS LA PLEINE SANTÉ NÉCESSITE QUE NOUS ACCEPTIONS TOUTES LES IMPLICATIONS DE CET ÉTAT...

Fou de joie, il dévale la montagne. Son pied heurte un rocher. Il saigne. Intuitivement, il prend l'orteil de son pied droit entre ses mains. La blessure se cicatrise et la douleur disparaît. Ce signe lui confirme qu'il est sur la bonne voie. Usui guérit, grâce à l'application du reiki, toutes les personnes malades qu'il croise sur son chemin. Puis, saisi par l'inspiration, se rend dans les quartiers les plus pauvres de la ville. Par le reiki, il communique force, tonus, volonté et santé aux plus démunis. Mais il sera vite confronté au revers de médaille de la gratuité. Beaucoup de personnes soignées, parties d'un nouveau pied dans l'existence, reviennent au bout de quelque temps dans l'enfer des bidonvilles. Ils ont goûté l'effort et travaillé, mais n'ont pas été satisfaits de cette confrontation au monde, y préférant leur vie au jour le jour. De cette attitude paradoxale, Usui tire un enseignement : le reiki ne doit être transmis qu'à des personnes réellement motivées par un changement en profondeur. Pour lui, la maladie dépend principalement d'un manque d'équilibre et d'harmonie intérieure. Aller vers la pleine santé nécessite que nous acceptions toutes les implications d'un tel état, autrement dit adopter une attitude responsable vis-à-vis de nous-même et des autres, devenir chaque jour plus conscient de nos pensées et de nos actes et en accepter les conséquences. À partir de cet instant, Usui fera rémunérer ses soins. Les soins gratuits perdent beaucoup de leur valeur.

Il ne s'agit pas ici d'une quelconque âpreté au gain mais d'un échange d'énergie, qui ne passe pas nécessairement par l'argent. Certains maîtres de Reiki offrent leur enseignement aux plus démunis en échange d'un temps équivalent qui leur est accordé (pour le jardinage, le bricolage ou autres) ou de l'apprentissage d'une connaissance qu'ils ignorent. Ainsi, l'énergie circule dans les deux sens. Usui, sentant ses forces décliner, désigne son successeur : le Docteur Chujiro Hayashi, qui ouvre une clinique dont les soins sont uniquement axés sur le Reiki. À son tour, il confiera son savoir à Mme Hawayo Takata.

En 1935, le Docteur Chijiro Hayashi fit la connaissance d'une femme originaire d'Hawaï, Madame Hawayo Takata qui s'était rendue au Japon pour subir une intervention chirurgicale.

Cette dernière, atteinte d'une tumeur cancéreuse à l'abdomen, savait, d'après les médecins, que ses chances de survie après l'opération allaient être minces, mais elle ne pouvait s'y résigner.

Alors qu'elle était sur le point de se faire opérer, elle entendit une voix lui dire qu'il devait exister un autre moyen de guérir. Elle accepta ce message et refusa l'intervention chirurgicale. Quelques jours plus tard, Hawayo Takata demanda à son médecin s'il connaissait un autre traitement qui pouvait la guérir. Celui-ci lui recommanda alors d'aller à la clinique du Reiki du Docteur Hayashi. Hawayo Takata enregistra le conseil et c'est ainsi que, quelques mois plus tard, elle fut soignée et finalement guérie. Ce fut une grande joie pour Hawayo qui venait de retrouver l'espoir de sa vie avec le Reiki. Impressionnée par les résultats de cette technique, elle décida de trouver le moyen d'être initiée à cette science.

À partir de ce moment-là, Hawayo consacra sa vie à étudier le système Usui qui vise à la guérison naturelle. En 1938, elle est admise dans les classes du Reiki et elle progresse rapidement.

Plus tard, elle est initiée par le Docteur Hayashi au grade de Maître du système Usui.

En 1939, Hawayo Takata décide de retourner chez elle, à Hawaï, pour y enseigner le Reiki.

En 1941, le Docteur Hayashi demanda à Hawayo de lui rendre visite au Japon. Ce dernier pressentait une guerre entre l'Amérique et le Japon.

Dès son arrivée, Hawayo fut reçue par Hayashi qui lui livra ses prémonitions sur les désastres à venir. Il savait que le Japon allait être vaincu. En fait, il se demandait si l'enseignement du Reiki n'allait pas disparaître puisqu'il n'avait pas été exporté dans d'autres pays.

Hawayo tenta de rassurer le Docteur et lui dit qu'elle propagerait le Reiki de son centre de Hawaï.

Au terme de cette discussion, Hayashi nomma solennellement Madame Hawayo Maître du Reiki. Il revêtit une robe de cérémonie, et, entouré de ses fidèles, il quitta son corps par sa propre volonté.

Après les obsèques de son vieil ami, Hawayo quitta le Japon pour retourner dans sa ville natale. Au fil des années, elle devint célèbre comme professeur et guérisseuse, et répandit son enseignement en Occident.

Quand elle mourut en décembre 1980, Hawayo Takata avait initié vingt et un maîtres du Reiki, dont sa fille, Phyllis Lei Furumoto. Ces derniers se sont divisés entre le Canada et les États-Unis, et tous les maîtres actuels en sont les descendants. Aujourd'hui, on peut compter deux grandes associations mondiales dont les membres sont des maîtres dans l'art du Reiki : *L'Américan International Reiki Association* et le *Reiki alliance*.

Ces associations proposent divers séminaires et conférences publiques. Des centaines de maîtres, issus de toute la planète, prennent part à ces rendez-vous pour échanger leurs expériences.

Il existe bien entendu des maîtres indépendants disséminés dans le monde entier. Il n'est nullement nécessaire d'appartenir à une organisation car le reiki est partout dans l'univers, autour de chaque être et en lui.

QU'EST-CE QUE LE REIKI ?

Définir le Reiki n'est pas une chose simple puisque sa nature est insaisissable. Toutefois, on pourrait dire qu'il s'agit d'une méthode thérapeutique naturelle qui permet de canaliser l'énergie vitale du cosmos par l'imposition des mains.

Le mot *Reiki* est un mot japonais qui signifie *force de Vie Universelle*. Ses composantes «Rei» et «Ki» ont pour définition esprit universel, transcendantal, pouvoir mystérieux, essence.

En fait, cette énergie est responsable de la vie sur terre. Elle est acquise par chacun de nous à la naissance. Aussi retrouve-t-on ce phénomène dans diverses cultures mais sous une autre terminologie : Les Chinois l'appellent *chi*, les Chrétiens *Lumière* ou *Esprit saint*, les Hindous parlent de *Prana*, les Égyptiens *Ka,* et enfin les Sioux *Wakonda.*

CETTE FORCE QUI EST EN NOUS PEUT ÊTRE UTILISÉE DE PLUSIEURS MANIÈRES.

- Pour ce qui est du Reiki, il utilise des rites d'activation énergétique (ou initiations) et une série de symboles pour canaliser et orienter l'énergie.

- Cette initiation permet l'ouverture du septième chakra qui relie l'homme au cosmos et permet d'accéder à cette énergie cosmique afin de l'utiliser à travers les mains.

- Au cours de cette initiation, le processus d'ouverture du canal est appelé «premier degré». On y apprend différentes positions des mains ainsi que divers soins de base.

- Ce premier degré constitue des rituels de transmission directe d'énergie par l'intermédiaire de symboles et de messages sacrés, durant lesquels le donneur de Reiki active l'ouverture du canal. Ce dernier reste ouvert jusqu'à la fin de la vie.

- Les mains de celui qui canalise le Reiki prennent place sur certaines parties du corps du receveur. Généralement, le Reiki est administré aux parties antérieures, aux pieds, aux jambes, au dos et à la tête.

- À la fin de ce premier degré, l'élève a la possibilité d'appliquer ces techniques à lui-même ou dans son entourage.

- Le deuxième niveau du Reiki constitue un perfectionnement de la méthode. L'énergie est accrue. L'étudiant est alors autorisé à pratiquer des traitements à distance.

- L'initiation du troisième degré permet de devenir Maître de Reiki.

- Il est possible d'appliquer le Reiki pratiquement en toutes circonstances. Il peut s'avérer efficace dans les cas où les autres formes de thérapies ne répondent pas ou encore s'associer à d'autres traitements. Il aide à maintenir la santé, l'équilibre intérieur et soulage la douleur.

- Le Reiki est une méthode pour toute personne désireuse d'accroître son potentiel de bien-être. Il permet de retrouver l'harmonie du corps, de l'âme et de l'esprit.

COMMENT FONCTIONNE LE REIKI ?

COMME nous l'avons vu précédemment, le Reiki est une force de vie universelle. L'espace qui nous environne, l'univers, est empli de cette force infinie et inépuisable. À chaque instant de la vie, cette énergie se déverse en nous et nous fait vivre.

La méthode thérapeutique du Reiki permet de canaliser l'énergie vitale de l'univers. Pour cela, elle utilise des rites d'activations énergétiques permettant d'amener une quantité supplémentaire d'énergie dans le corps.

L'énergie du Reiki agit dans un premier temps sur les centres énergétiques de l'être humain que l'on appelle «chakras».

Les Chakras sont des roues de lumière qui nous relient au monde spirituel. Ils sont reliés à un fin canal d'énergie qui suit la colonne vertébrale.

Ils émettent un rayonnement qui reflète l'âme humaine et sont alimentés par la force de vie universelle que l'on a appelée Reiki. La technique du Reiki permet alors d'équilibrer et d'augmenter l'énergie de ces derniers. Mieux encore, elle permet de mettre en harmonie l'énergie personnelle et l'énergie universelle.

Lors de la première initiation, le maître, par des moyens très simples, ouvre un canal sur le sommet de la tête et dans les mains.

Pour établir un bon contact avec la force universelle, il est conseillé de se détendre en fermant les yeux et de porter son attention sur les mouvements de respiration.

Il est possible aussi de se concentrer sur la partie supérieure de la tête, à l'endroit du Chakra coronal, et d'imaginer ce dernier comme une fleur de lotus s'ouvrant pour recevoir l'énergie du Reiki. Ce procédé dénoue rapidement toute tension physique et mentale et laisse le corps prêt à capter ce souffle de vie.

Une fois relaxé, nous sentons passer l'énergie à travers nous comme un flux qui coule à travers nos circuits et qui ressort par les mains. Ce moment est particulièrement fort sur le plan émotionnel car vous préparez votre corps à recevoir une quantité d'énergie vitale accrue.

Les sensations qui accompagnent l'énergie Reiki lorsqu'elle entre dans le corps sont pour la plupart des cas une sensation de chaleur plus ou moins intense, des picotements, des pulsations se manifestant dans les mains ou plus rarement des refroidissements.

La personne qui transmet le Reiki véhicule ainsi par l'intermédiaire de ses mains l'énergie guérisseuse, et c'est au receveur de déterminer la quantité d'énergie dont il a besoin pour se régénérer. Il est important de signaler que le donneur ne constitue en fait qu'un canal. Aucune énergie ne lui est retirée. Bien au contraire, il se régénère pendant que son partenaire accomplit la même opération.

Ce dernier apprend à donner l'énergie vitale à lui-même et aux autres, dans une relation d'échange.

Comme nous l'avons précisé dans le chapitre précédent, le canal reste ouvert toute la vie. Il peut être renforcé par une pratique régulière ou affaibli par des années d'abandon. Il est tout à fait possible de le réactiver après plusieurs mois d'arrêt.

Vous l'avez compris, toutes les initiations de ce premier degré débutent par la prise de contact avec l'énergie Reiki et la transmission de cette dernière par les mains.

Pour ce qui est du second degré, il s'agit d'initiations de perfectionnement ou encore de «connaissance approfondie» de la méthode Reiki. En d'autres termes, l'initié poursuit sa quête intérieure à travers l'énergie vitale universelle.

Ainsi, contrairement au premier degré dont l'objectif principal est le corps physique, le second degré est centré sur la mise en résonance de la conscience ou du moi intérieur.

Sachez que ces initiations du second degré ne sont pas indispensables. Vous pouvez, si vous le désirez, vous arrêter au premier degré.

En revanche, si vous voulez accéder au second degré, il faut que vous soyez initié au premier degré. À partir de ce moment, vous pouvez sans aucune difficulté appliquer les enseignements du Reiki.

Généralement, ces initiations du second degré permettent aux utilisateurs du Reiki d'élargir le champ de leurs possibilités en matière de traitement et de guérison et d'approfondir leur travail intérieur et leur aide à autrui. Le processus mis en œuvre par le second degré vous permet ainsi d'intensifier les effets de vos traitements, de donner des soins par la méthode mentale et de soigner vos patients à distance.

Ce type d'intervention agit sur l'inconscient et le subconscient de l'individu par l'intermédiaire de symboles.

Ces derniers, que C.G. Jung a nommé les archétypes, sont profondément inscrits dans l'inconscient. Ils sont chargés d'une grande puissance énergétique et jouent un rôle moteur et unificateur considérable dans l'évolution de la personnalité.

Au sens Freudien du terme, le symbole exprime de façon indirecte, figurée et plus ou moins difficile à déchiffrer, le désir et les conflits. Il est la relation qui unit le contenu manifeste d'un comportement, d'une pensée, d'une parole à leur sens latent.

Vous l'avez compris, le symbole n'est pas un simple signe mais plutôt une image propre à mieux désigner le mieux possible la nature mystérieuse et obscure du psyché.

Et, comme le précise si bien C.G. Jung :

Le symbole n'enserre rien, il n'explique pas, il renvoie au-delà de lui-même vers un sens encore dans l'au-delà, insaisissable, obscurément pressenti, que nul mot de la langue que nous parlons ne pourrait exprimer de façon satisfaisante.

LES SYMBOLES DU REIKI SONT AU NOMBRE DE TROIS.

- **Le premier consiste à se représenter mentalement les contours du corps du patient.** Cette visualisation du corps physique permet d'appeler l'énergie vitale universelle et de la concentrer sur certaines parties du corps.

- **Le deuxième symbole permet d'établir une relation directe avec l'inconscient du sujet, siège de connaissances profondes.** En visualisant le flux de lumière inonder peu à peu le corps et l'esprit, nous constatons que le courant passe très facilement dans certaines zones, plus difficilement, voire pas du tout, dans d'autres.
  Ces zones obscures nous renseignent sur les parties du corps à soigner et traiter plus longuement.
  Ce travail de visualisation demande un certain entraînement. Elle ne doit pas être un effort ou une projection de votre part, mais plutôt une lecture de ce qui se passe dans le corps.

- **Le troisième symbole permet le traitement à distance.** Le but est d'envoyer des soins, physiques et mentaux, à un patient qui est absent.
  Dans ce cas de figure, la visualisation du sujet à traiter est indispensable. Généralement, il est préférable d'avoir une photo pour focaliser l'attention du donneur.

Il faut utiliser les deux premiers symboles décrits ci-dessus en répétant trois fois le nom du patient ou la situation à traiter. Puis, visualiser l'énergie Reiki qui, en partant de vos mains, rejoint le destinataire.

Quelle que soit la situation, ce deuxième degré requiert une attitude d'écoute de la part du donneur. C'est lui, grâce aux symboles, qui déchiffre chaque zone du corps.

Ne dit-on pas quelquefois que le corps est le miroir de l'esprit et des émotions ?

En effet, notre corps a son propre langage. Il est investi par rapport à notre vécu personnel, mais aussi par rapport à une symbolique collective. Chacune de ses parties est chargée d'émotions diverses qu'il s'agit de décrypter.

Ainsi, souffrir régulièrement d'un mal de tête ne se limite pas forcément à un symptôme physique. Au contraire, cela peut être la manifestation physique de quelque chose d'autre.

En fait, certaines de nos émotions (traumatisme psychologique, choc affectif...) sont refoulées dans diverses parties du corps, et c'est grâce à la technique du Reiki que vous cernerez la cause profonde de vos problèmes.

Ainsi, vous tenez entre vos mains le pouvoir de guérir, c'est-à-dire de rétablir l'équilibre de n'importe quel organisme humain tant au niveau physique que mental.

Unificatrice, la méthode du Reiki remplit en conséquence une fonction thérapeutique. En reliant les différentes énergies de l'univers, elle fait sentir à l'homme qu'il n'est pas un être isolé et perdu dans le vaste ensemble qui l'entoure.

Le Reiki est quelque chose d'indéfinissable mais de profondément senti, comme la présence d'une énergie physique et psychique qui féconde, élève et nourrit.

QUELS SONT LES EFFETS DU REIKI ?

Des millions d'hommes et de femmes souffrent et, dans la plupart des cas, sont inconscients de leurs troubles internes. Un grand nombre d'entre eux paraissent sains et forts, alors qu'en réalité ils sont les victimes de désordres physiologiques.

Le travail incessant ne permet pas de s'arrêter, de réfléchir et de trouver un remède au mal qui use nos vies et celles des générations à venir.

Des habitudes sédentaires, la suralimentation, un régime alimentaire carencé ou déséquilibré, le surmenage, voilà de quoi est faite la vie moderne, dite «civilisée».

Rythme ou difficultés de vie, stress, conflits, violence, bruit, manque de communication, etc., tout tend depuis toujours à perturber l'harmonie fragile de l'être humain

et en particulier ses structures énergétiques. Ces phénomènes créent ainsi des déséquilibres dans la circulation de
ses «énergies intérieures». Les marques perceptibles de
leur existence sont généralement des sensations de tension
ou de blocage dans certaines zones du corps.

Si on laisse ces perturbations s'installer et, petit à petit
se cristalliser, les fonctions organiques correspondant aux
zones déséquilibrées seront elles-mêmes perturbées avec
toute les conséquences que cela implique, en particulier
pour la santé.

Nous devons ainsi rechercher des pratiques ou des
méthodes qui nous permettent de compenser, voire de
pallier ces faiblesses.

Quelle sensation extraordinaire en effet que de ressentir tout son corps respirer à nouveau librement et pleinement !

Quel plaisir que de pouvoir retrouver cette sensation,
mais aussi la redonner à l'autre ou la recevoir de lui !

Comme nous l'avons dit précédemment, le corps est
investi d'une symbolique très forte. Depuis très longtemps,
l'homme utilise le geste et le toucher pour communiquer.

Le premier réflexe de celui qui souffre n'est-il pas
d'ailleurs de porter la main là où il a mal ? La main, ce
merveilleux outil dont nous disposons tous et qui porte
en lui tous les potentiels de symbolique, de perception,
de communication et de rapport avec les autres et le
monde environnant.

La manière dont nous concevons la maladie a beaucoup évolué ces dernières années. C'est en faveur d'une
conception holistique de l'être humain que semble se

dessiner une nouvelle majorité. Cette médecine holistique considère le corps humain comme une globalité où somatique et psychologique sont indissociables. Un déséquilibre ne peut pas exister seul, et chaque forme de perturbation a toujours sa contrepartie et son parallèle.

C'est pourquoi le Reiki favorise cette méthode globale qui tient compte de l'individu dans son intégralité et non dans la somme réductrice des parties qui le compose.

Le Reiki se dirige de lui-même vers les zones plus faiblement énergétisées, et harmonise l'ensemble énergétique du patient.

Son action équilibrante et profonde redonne au corps et à l'esprit tout leur potentiel énergétique.

Il va ainsi «gommer» les tensions qui apparaissent dans le corps de chaque individu et qui sont à la base de son mal-être.

La disparition de ces déséquilibres procure une sensation relaxante. On a le sentiment de renouer avec quelque chose dont on avait plus conscience depuis longtemps.

À travers son travail de rééquilibrage énergétique, le Reiki va avoir pour conséquence de faire disparaître des problèmes d'ordre physiologique. Ceux-ci ne sont en effet bien souvent que les manifestations visibles de nos déséquilibres intérieurs.

Le Reiki nous enseigne à vivre raisonnablement et à ne pas dissiper nos forces inutilement ; il nous apprend aussi à nous dominer et à conserver une attitude positive envers la vie. Mieux encore, il nous conduit vers l'amour universel.

DEUXIÈME PARTIE

Préparation à la pratique du Reiki

LA MISE EN CONDITION

Toute action humaine exige une préparation, une mise en condition. Cette mise en condition est d'abord personnelle. Il faut être convaincu que l'on est capable d'accomplir ce qui a été prévu, sans fausse modestie, avec une parfaite confiance en soi et une connaissance lucide de ses limites. Celui qui pratique le Reiki est conscient de posséder cette énergie et de la maîtriser pour en faire profiter les autres.

Dans cet échange, le guérisseur donne et le patient reçoit. La collaboration est nécessaire. La mise en condition du donneur n'est pas suffisante ; il doit s'y ajouter la mise en condition du receveur. Cette dernière ne nécessite pas des exercices astreignants ou compliqués. Pour le donneur, c'est une source de bien-être s'appuyant sur un équilibre moral, physique et intellectuel. Pour le receveur, c'est un apaisement, c'est la découverte de sa vraie personnalité, la naissance et le développement d'une réelle confiance en soi et le départ dans une évolution positive. Se mettre en condition, c'est donc se préparer à mieux vivre, à être «bien dans sa peau» afin d'en profiter et d'en faire profiter les autres.

Après ces recommandations de toute première importance, voici quelques conseils pratiques qui permettront de vous donner confiance et de vous préparer à être totalement disponible pour votre partenaire.

1 - Choisir un endroit propice pour les traitements

Il est indispensable que l'endroit où vous pratiquez le Reiki soit calme et confortable.

- N'hésitez pas à débrancher le téléphone pour ne pas être dérangé. Aussi, veillez à faire régner un éclairage doux, faible et tamisé. Une lumière trop vive peut perturber dans certains cas l'état de relaxation.

- Il est conseillé de mettre une musique douce qui porte à la méditation, d'allumer un bâtonnet d'encens ou une bougie pour favoriser l'état de détente. Sachez aussi que la flamme symbolise l'énergie.

- Pour ce qui est de la température ambiante, il est préférable que la pièce soit plutôt chaude, car l'état de relaxation rend particulièrement sensible au froid ou à l'impression d'avoir froid. Il est recommandé de couvrir le patient d'une couverture légère pour lui protéger ses pieds.

- Les jambes et les bras doivent être décroisés.

- Vous pouvez vous mettre en position assise, à genoux ou allongée, bref, celle où vous vous sentez le plus détendu.

2 - Choisir une tenue vestimentaire confortable

Le Reiki ne nécessite pas de tenue vestimentaire particulière. Seul, votre propre confort est le critère, car un corps mal à l'aise ou trop serré dans ses vêtements ne pourra se détendre ni lâcher prise de ses tensions intérieures.

- Il est alors vivement conseillé que vous soyez à l'aise et décontracté dans votre tenue. Pour les deux partenaires, vous devez dégrafer votre ceinture de pantalon, de jupe ou de soutien-gorge. Veillez à enlever cravate, bijoux ou autres accessoires pouvant apporter de mauvaises vibrations.

3 - Respecter certaines règles hygiéniques

Hygiènes physique et alimentaire sont indispensables pour la pratique du Reiki.

- Lavez-vous soigneusement les mains avant chaque séance. Il est même parfois conseillé de prendre une douche si vous avez travaillé la journée afin de relâcher et réduire toutes tensions physiques et apporter au corps une sensation agréable de repos.

- Le maquillage, pour les femmes, n'est pas conseillé. Vous pouvez vous mettre à transpirer en administrant le Reiki et vos mains peuvent être en contact avec le visage de votre partenaire.

- Aussi, l'hygiène alimentaire est de rigueur pour favoriser la cure thérapeutique. Le café, la tabac et l'alcool sont à bannir car, comme vous le savez, l'irritabilité, la nervosité ou l'hypertension sont à l'origine de la consommation de ces substances.

- N'hésitez pas à prendre davantage de vitamines B, C, et E que vous trouverez principalement dans les fruits et les céréales.

- Pour avoir une alimentation saine et équilibrée, il faut choisir des aliments nourrissants, car il est possible d'accroître l'énergie et la vigueur si les aliments sont judicieusement choisis.

- Aussi, faut-il manger modérément, c'est-à-dire manger un peu moins qu'à notre faim, car cela nous rend léger, actif et énergique.

- Les aliments doivent être mastiqués à fond et mélangés à la salive afin d'être bien digérés et assimilés. Tout repas doit être pris lentement, dans la paix et le calme, en conservant un état d'esprit positif.

- Veillez à ne jamais manger sans avoir faim ou d'avoir recours à des stimulants pour prolonger le plaisir de manger et satisfaire votre gourmandise.

- Sachez que toute surcharge du système digestif peut amener de nombreuses maladies.

- Ainsi, une alimentation saine aide de façon extraordinaire à maintenir un esprit sain et bien équilibré dans un corps aux proportions harmonieuses et en parfaite santé.

L'UTILISATION DES CHAKRAS

ou centres énergétiques

Au début de cet ouvrage, nous vous avons parlé de l'harmonisation des Chakras, une méthode efficace faisant partie intégrante des traitements par le Reiki. Il nous paraît donc utile de vous donner, ici, quelques informations fondamentales sur ces centres énergétiques pour que vous compreniez mieux ce que recouvre leur harmonisation.

La philosophie des Chakras aborde l'énergie au niveau des corps subtils de l'homme. Ce sont en fait des portes situées sur notre corps et par lesquelles les énergies cosmiques, selon leur degré d'élaboration, peuvent entrer. Ce potentiel d'entrée n'est pas déterminante par le fait que cette porte fonctionne ou non, car elle fonctionne toujours, mais c'est notre conscience, à travers sa capacité d'ouverture, qui va justement ouvrir plus ou moins cette fameuse porte.

À ce sujet, C.G. Jung considère par exemple que les Chakras sont les voies d'accès du conscient, les récepteurs d'énergies venues du cosmos vers l'esprit et l'âme de l'homme. Ils sont, pour lui, toujours alignés avec une énergie d'essence divine, parce qu'ils sont des créations de l'âme. Ces tourbillons d'énergie vitale sont nombreux sur les organes essentiels et sur les points où se rencontrent plusieurs nerfs. Ils correspondent à des point d'acupuncture. Pour les traitements par le Reiki, il est important de connaître les sept Chakras principaux.

À CHAQUE CHAKRA CORRESPOND UNE COULEUR PARTICULIÈRE.

- **Le premier Chakra** est appelé *Chakra Coccigien* (situé à la hauteur du coccys) ou *Chakra Racine.* Il est le siège de la vitalité physique et de l'instinct de survie. Au niveau du corps physique, il touche nos jambes, nos pieds, nos parties génitales et nos reins. La couleur qui lui correspond est le rouge.

- **Le deuxième Chakra** est appelé *Chakra Sacré* ou *Hara.* Il se situe juste en dessous du nombril en face de l'os du sacrum. Il gère notre vitalité, notre capacité de mouvement, notre équilibre et notre sexualité. Ce Chakra est relié aux organes sexuels, aux gonades et à toutes les glandes situées à ce niveau. La couleur qui lui correspond est l'orange.

- **Le troisième Chakra**, appelé *Chakra Solaire* ou *Chakra de la rate,* se situe au niveau du plexus solaire. Il concerne principalement les énergies émotionnelles brutes, les désirs, le pouvoir personnel ou encore l'instinct de propriété. Sur le plan physiologique, il est lié au système nerveux, à l'estomac et au foie. On lui rattache la couleur jaune.

- **Le quatrième Chakra**, appelé *Chakra Cardiaque*, se situe au niveau du plexus cardiaque, c'est-à-dire au milieu du sternum. Ce Chakra gère lui aussi des énergies émotionnelles. Elles correspondent à l'amour, la compassion, l'altruisme… Sur le plan physique, ce Chakra est en relation avec le foie, le cœur et le thorax. La couleur qui lui correspond est le vert.

- **Le cinquième Chakra** ou *Chakra Laryngé* se situe au niveau de la gorge. Il gère tout ce qui touche à l'expression de soi et à la réceptivité. C'est le miroir que notre comportement engendre ou le centre de communication. Sur le plan physiologique, il est relié à la gorge bien sûr, aux bras, à la bouche et au système respiratoire. Sa couleur est le bleu ciel.

- **Le sixième Chakra** est appelé *Chakra Frontal* ou *Troisième œil*. Il est localisé à la racine du nez. Il correspond à l'intellect, l'intelligence, l'intuition et même la clairvoyance. C'est le centre de l'idéalisme et de l'imaginaire. Ce Chakra est en relation avec les oreilles, le nez, le front et la partie postérieure du cerveau. La couleur qui lui correspond est l'indigo.

- **Le septième Chakra** ou *Chakra Coronal* est situé au sommet de la tête (lotus aux mille pétales). C'est par lui dit-on que l'âme quitte le corps au moment de la mort. Il correspond au devenir spirituel, à la transcendance, à la conscience supérieure. C'est le siège de la communication spirituelle supérieure. Sur le plan physiologique, il est lié avec la partie antérieure du cerveau, au cortex cérébral et à l'œil droit. La couleur qui lui est associée est le violet.

LES SEPT CHAKRAS MAJEURS

CHAKRA CORONAL

CHAKRA FRONTAL OU TROISIÈME ŒIL

CHAKRA LARYNGÉ

CHAKRA CARDIAQUE

CHAKRA SOLAIRE OU CHAKRA DE LA RATE

CHAKRA SACRÉ OU HARA

CHAKRA COCCIDIEN OU CHAKRA RACINE

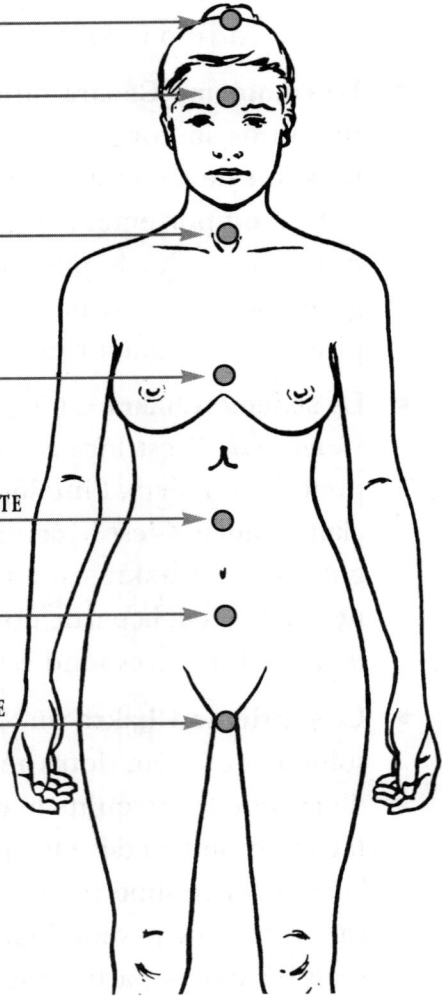

Comme vous pouvez le constater sur le schéma, chaque Chakra se trouve à la périphérie immédiate d'un ou plusieurs organes vitaux.

Quand un organe souffre de dysfonctionnement, cela signifie que les Chakras qui se trouvent à proximité ne sont plus en harmonie avec leur environnement.

Le praticien, après avoir détecté les centres énergétiques déchargés, transmettra l'énergie manquante par l'imposition de ses mains sur les régions du corps concernées.

Cette technique permet aux Chakras de jouer à nouveau leur rôle de régulateur afin que les troubles inhérents à l'organe affecté soient éradiqués ou atténués.

Il faut savoir que l'énergie du Reiki opère de manière autonome sur les Chakras. Il suffit alors d'appliquer ses mains à l'endroit de ces derniers et de descendre ou monter selon le point de départ choisi.

Aussi, vous pouvez vous contentez d'administrer le Reiki à un seul Chakra si la douleur se localise à un endroit précis de votre organisme.

Toutefois, sachez que les Chakras s'harmonisent les uns avec les autres.

Il est souvent conseillé de garder une main sur le Chakra Frontal et de faire remonter l'autre main à partir du Chakra Coccigien. Cela favorisera l'équilibre de tous les Chakras.

Ces sept centres d'énergie correspondent à des possibilités que nous pouvons développer en nous et chez les autres.

Lorsque les courants de l'énergie vitale sont en déséquilibre, la stabilité du corps est dérangée et nous sommes victimes de toutes sortes d'irrégularités.

On appelle cet état, la maladie. Si ces courants de forces vitales sont dirigés consciemment et d'une maniè-re égale vers toutes les parties du corps, nous pouvons guérir en rétablissant notre équilibre et en retrouvant une parfaite harmonie mentale et physique.

MÉDITATION ET VISUALISATION

Pour pratiquer le Reiki, il est indispensable de savoir ce qu'est la méditation.

Beaucoup de personnes s'imaginent que c'est une pratique très sérieuse, proche du recueillement religieux demandant concentration et efforts ardus. Il n'en est rien. En fait, la méditation est un état d'être tout simplement.

Lorsque l'esprit est entraîné à se fixer sur un point extérieur ou intérieur assez longtemps pour arriver à éliminer toute distraction et lorsque l'on peut laisser couler sans interruption le flot de la pensée dans une direction unique, en concentrant celle-ci sur un thème précis, on obtient l'état de méditation.

Cette phase est très importante dans la pratique du Reiki car elle permet de mettre le corps au repos et de favoriser l'assimilation de la pensée à l'énergie vitale. Elle permet de recevoir le message de son partenaire et de transmettre ainsi l'énergie à travers ses mains.

La méditation nous aide à nous débarrasser des conflits émotionnels, des désaccords intérieurs et des tensions psychiques.

Elle purifie complètement l'esprit et libère des obstructions inconscientes. Elle suscite la manifestation de la lumière intérieure qui est à l'origine de l'éveil de la conscience du Soi.

La conscience méditative s'acquiert doucement avec la pratique régulière du Reiki. Les praticiens conseillent généralement de se focaliser sur le flux de l'énergie universelle. Plus nous sommes concentré, plus nous sentons à travers nous cette énergie.

Cet exercice de concentration équivaut à se rapprocher spirituellement d'un point central, à se «recentrer» en quelque sorte.

La visualisation est le moyen le plus efficace pour travailler avec l'énergie du Reiki. Elle permet de méditer sur des symboles en les imaginant, sans les avoir concrètement devant soi.

Une méthode efficace est celle qui consiste à «voir un soleil d'or» au-dessus de la tête, soleil dont les rayons pénètrent en vous.

Les yeux fermés, imaginez «un soleil d'or» dans le ciel. Lorsque vous inspirez, un rayon (ou une spirale) vient de ce soleil jusqu'à vous.

Par la visualisation, nous pouvons nous recharger en «énergie vitale» en visualisant cette énergie et en la transformant en élément concret. Il est possible aussi de faire cette visualisation à l'aide d'un support. Il convient alors de choisir une image ou un symbole (cristal, bougie, représentation du soleil) comme outil de focalisation et d'amplification de l'énergie du Reiki.

Placez ce support devant vous et regardez-le attentivement en ne pensant qu'à ce qu'il représente et à tout ce qu'il peut signifier.

Vous sentirez peu à peu l'énergie entrer dans le Chakra coronal, descendre à travers le Chakra Laryngé, passer à travers le cœur, se diriger à travers les bras et, de là, rayonner par les Chakras du centre de la paume des mains.

Ces méthodes n'ont que valeur d'exemples. Selon les personnes et leurs problèmes, bien des scénarios peuvent être suggérés en totalité ou en partie. C'est à vous de choisir votre propre méthode de concentration.

L'important est que vous soyez dans une pièce tranquille et bien aménagée qui incite à la paix de l'esprit. Vous pouvez toujours accompagner votre méditation d'une musique d'ambiance douce et calmante ainsi que d'un éclairage tamisé de préférence.

Quoi qu'il en soit, l'énergie du Reiki se propage dès que vous imposez les mains, et ce, quelles que soient les circonstances.

Nous espérons toutefois que ces quelques recommandations vous aideront à vous concentrer et à créer une atmosphère propice à la diffusion du Reiki.

L'UTILISATION DES MAINS

LES mains constituent des outils particulièrement sensibles, des outils qui sont à la fois des émetteurs et des récepteurs. C'est donc par elles que vont se répandre les ondes guérisseuses.

Il faut savoir que dans la pratique du Reiki, on travaille exclusivement avec les Chakras de la main et non avec la main entière.

En fait, il existe un Chakra très important localisé au centre de la paume de chaque main. C'est à travers eux que l'énergie est canalisée et projetée vers le patient.

En stimulant et en activant les Chakras des mains, celles-ci deviennent sensibles et capables alors de sentir les matières subtiles.

ELLES PEUVENT ÉGALEMENT SONDER LES DIFFÉRENTES ÉNERGIES ET C'EST GRÂCE À CE SONDAGE QUE LE PRATICIEN PEUT REPÉRER LES ZONES MALADES DU CORPS.

- Pour un traitement de base, il faut toujours poser les mains côte à côte, de manière à ce qu'elles se touchent, sauf pour des traitements spéciaux.

- Grâce à cette disposition, l'énergie émise par chacune des mains est concentrée, créant un seul pôle d'émission d'énergie.

- Veillez à ce que vos gestes soient souples et non crispés sous peine de gaspillage inutile d'énergie nerveuse.

- Contrairement aux techniques de massages qui requièrent des mouvements de mains sur le corps, le Reiki fait reposer naturellement et sans pression les mains sur ce même corps. Les doigts doivent être légèrement courbés et rapprochés de façon à épouser la forme du corps.

- Chaque position doit être maintenue deux à quatre minutes. Si vous avez la sensation que certaines parties sont affectées, vous pouvez laissez vos mains jusqu'à une demi-heure dans cette position.

- Aussi, lorsque vous changez de position, veillez à lever d'abord une main, puis l'autre pour ne pas interrompre le contact avec le patient.

- Les sensations que l'on peut avoir dans les mains sont très variées. On éprouve généralement une sensation de chaleur différente de la chaleur corporelle habituelle.

- Ce phénomène signifie que le Reiki coule hors des mains, c'est-à-dire dans le corps sur lequel elles sont posées.

- Au contraire, si vous ressentez une impression de froid glacial, cela signifie que l'énergie ne coule pas et que la partie du corps que vous touchez a besoin d'un apport énergétique important.

Nous ne souhaitons pas, ici, vous faire un inventaire des différentes règles à respecter.

Écoutez votre intuition, faites-lui confiance, et le Reiki vous guidera sur le chemin de l'énergie universelle !

TROISIÈME PARTIE

Procédé d'application générale du Reiki

LE REIKI POUR SOI-MÊME
ou l'autothérapie

L'AUTOTHÉRAPIE est probablement la méthode la plus simple et la plus efficace que l'on connaisse.

Comme vous n'avez besoin que de vos mains pour vous soigner, c'est une méthode qui vous laisse parfaitement libre et autonome.

Par son emploi régulier, l'autothérapie permet de vous recharger quotidiennement en énergie et c'est en même tant le meilleur outil pour vous relaxer contre le stress.

Pour ce qui est du lieu, vous pouvez pratiquer cette méthode à n'importe quelle heure, mais aussi dans n'importe quelle position pour autant qu'elle soit confortable : dans les transports en commun, lors d'une réunion, au téléphone ou encore dans votre lit, en plein milieu de la nuit.

Généralement, les praticiens conseillent de pratiquer l'autothérapie dès l'instant ou vous ne vous sentez pas bien, que vous soyez épuisé, bouleversé ou angoissé. L'autotraitement permettra à de nombreux insomniaques de retrouver un sommeil profond et paisible. Il en est de même pour les personnes qui veulent surmonter la dépendance à la nicotine.

Pour les débutants, cette méthode peut être une première approche de ce que l'on a appelé l'état de méditation. Elle permet de «faire le vide», de se vider de toute pensée, de tout sentiment pour être tout à fait disponible à la réception de l'énergie universelle.

La pratique de l'autothérapie signifie que vous avez reçu l'initiation au premier degré (ouverture du Chakra Coronal et apprentissage des différentes positions des mains).

À PRÉSENT, NOUS ALLONS VOUS DÉCRIRE LA MANIÈRE DONT VOUS ALLEZ PROCÉDER POUR EFFECTUER L'AUTO TRAITEMENT.

- Adoptez une position allongée ou assise, confortable. Fermez les yeux, détendez-vous, puis effectuez le placement de vos mains sur la tête et laissez le Reiki s'écouler.

- Vous descendez ensuite doucement vers le reste du corps en veillant à ne pas déplacer les deux mains en même temps pour ne pas interrompre le contact.

- En principe, on maintient chaque position de trois à cinq minutes. Si vous ressentez que certaines parties du corps sont particulièrement affectées, n'hésitez pas à laisser vos mains une vingtaine de minutes.

- Aussi, si vous n'avez pas beaucoup de temps, ou que pour une raison ou une autre vous ne pouvez pas faire toutes les positions de l'autotraitement, nous vous conseillons de polariser vos mains au milieu de la poitrine, à la hauteur du cœur. Cet exercice est sans aucun doute le plus bénéfique, car le cœur est la position la plus harmonisante.

Nous avons choisi de vous représenter les cinq positions de base de l'autothérapie. Pour chacune d'entre elles, nous préciserons leur mode d'action ainsi que la correspondance avec les Chakras.

Descriptif des 5 positions de l'autothérapie

POSITION N° 1 :

- Les mains sont posées délicatement sur le front, les yeux et les joues. Cette position correspond à celle du Chakra Frontal ou Troisième Œil. Elle agit sur les migraines, les sinusites, les problèmes oculaires et régule l'hypophyse et l'épiphyse.

POSITION N° 2 :

- Les mains sont posées sur les côtés et l'avant du cou. Cette position correspond au cinquième Chakra appelé Chakra Laryngé. Elle agit sur les problèmes de la thyroïde, sur le métabolisme, les problèmes de poids, les palpitations cardiaques, l'hyper ou hypotension. Au niveau comportemental, elle agit sur la colère, la frustration, la communication, l'expression de soi.

POSITION N° 3 :

• Les mains sont posées sur la poitrine à l'emplacement du quatrième Chakra ou Chakra Cardiaque. Cette position agit sur le cœur, le thymus, les poumons et les problèmes de bronchite et de surdité. Au niveau comportemental, elle agit sur les tensions émotionnelles et les états dépressifs.

POSITION N° 4 :

• Les mains sont posées chacune sur l'estomac et le nombril. Nous sommes au niveau du Troisième Chakra ou Chakra Solaire. Cette position est bénéfique pour le plexus solaire, l'estomac, les intestins, le cœur, la digestion. Elle agit aussi sur les chocs émotionnels violents et les dépressions.

POSITION N° 5 :

• Les mains sont posées sur le bas-ventre, position en V à l'emplacement du premier ou deuxième Chakra. Cette position est particulièrement bénéfique pour les organes du bas-ventre, les troubles intestinaux, les ovaires, la vessie, les problèmes de circulation et de digestion, les tumeurs aux seins, les douleurs dorsales ainsi que les troubles liés à la ménopause.

POSITION N°1
Autotraitement - Position de base

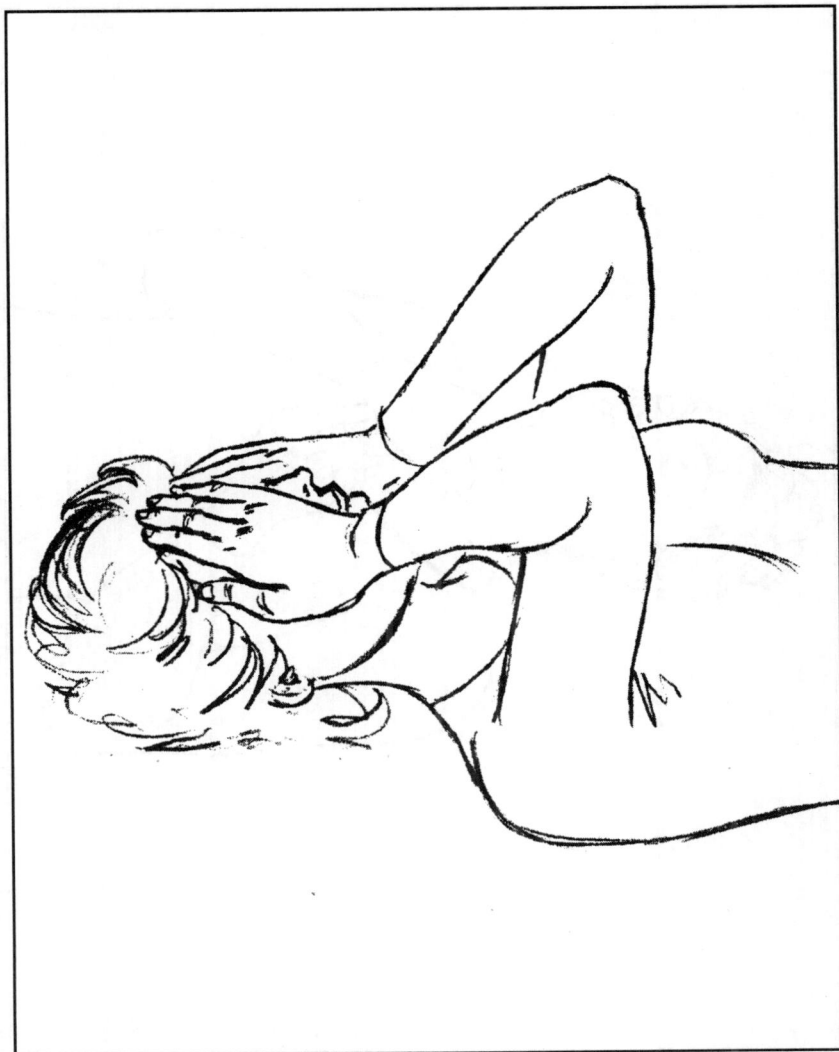

POSITION N° 2

Autotraitement - Position de base

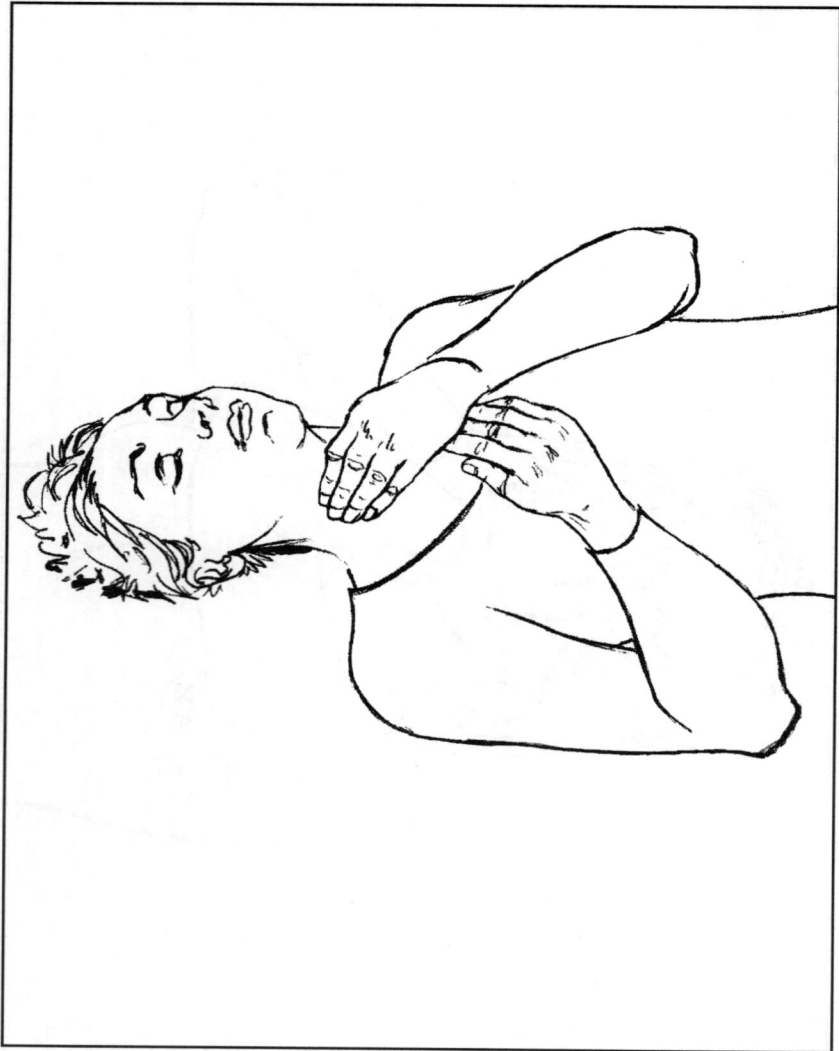

POSITION N° 3
Autotraitement - Position de base

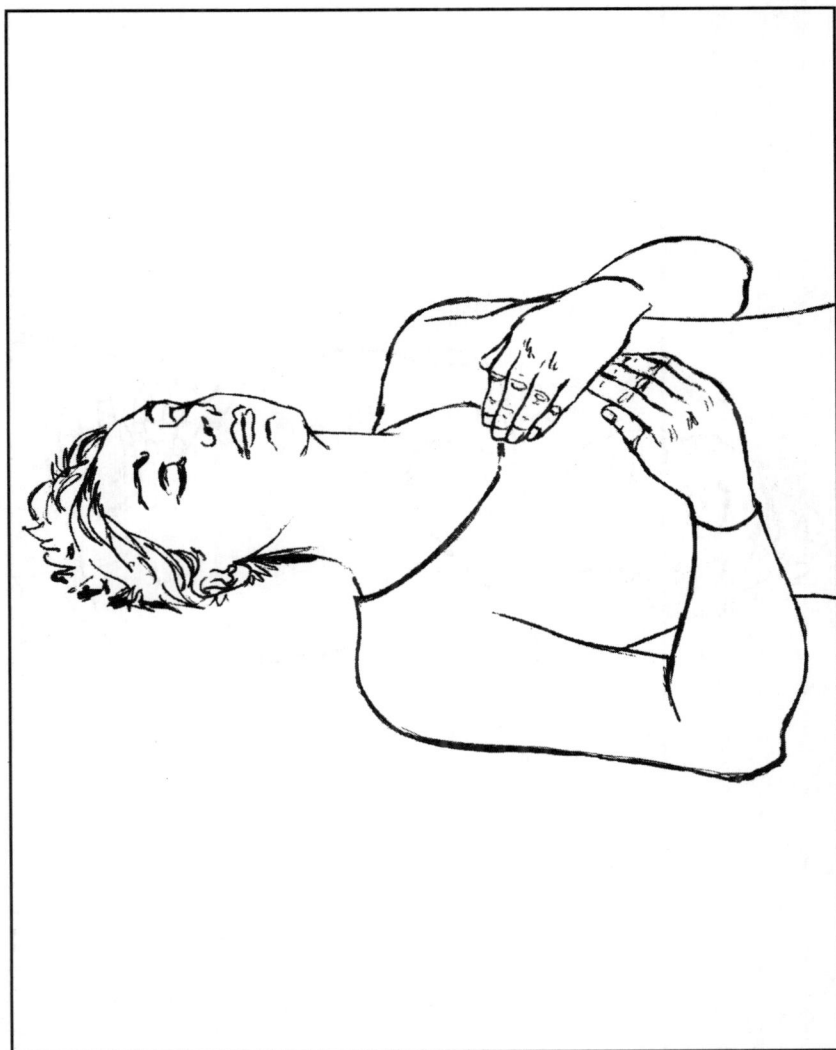

POSITION N°4
Autotraitement - Position de base

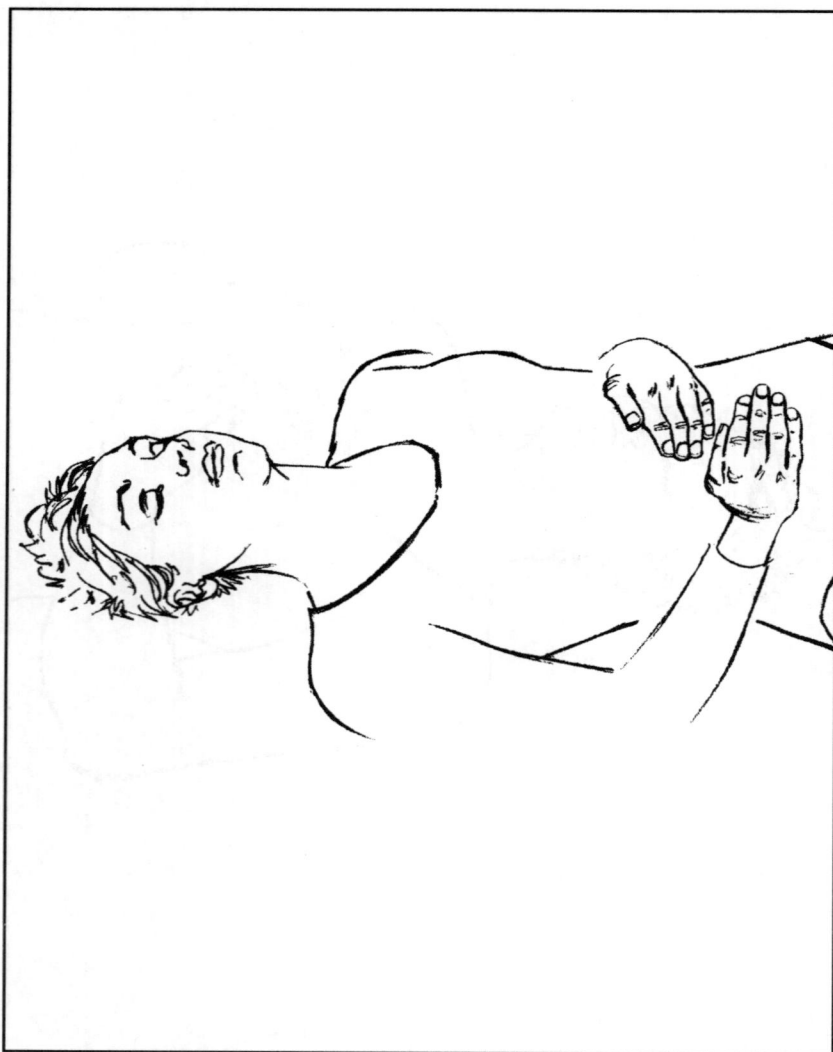

POSITION N°5
Autotraitement - Position de base

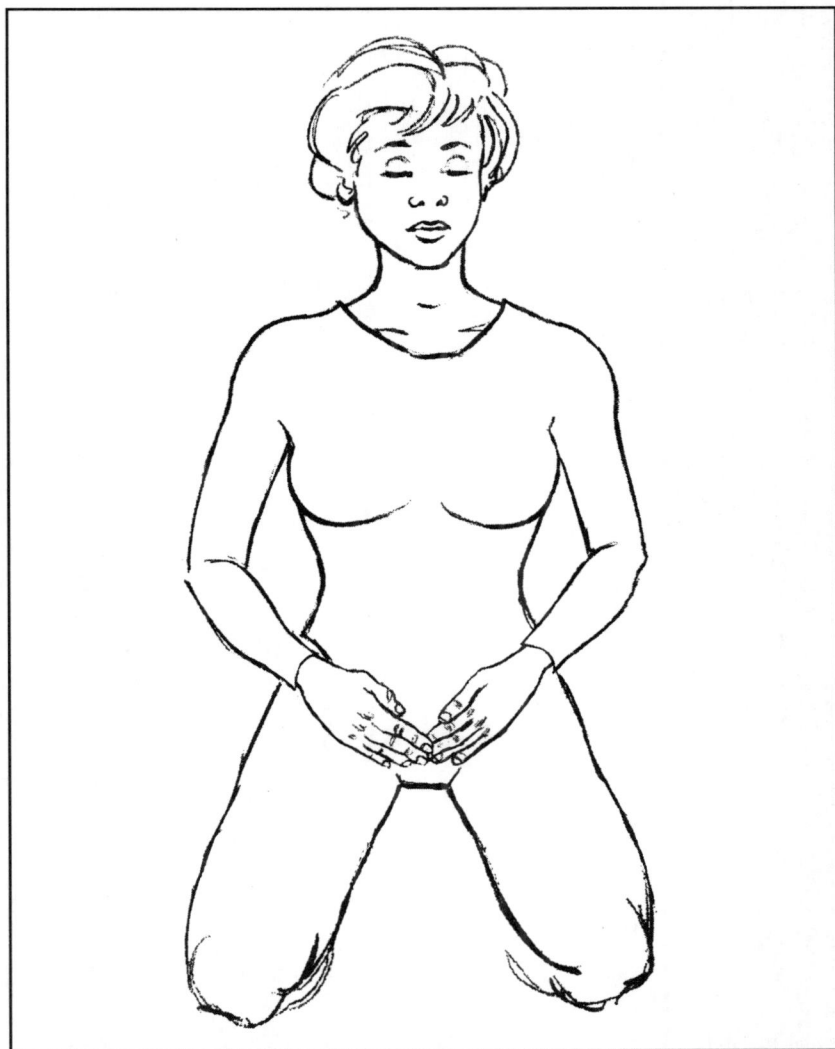

LE REIKI POUR AUTRUI

Vous connaissez à présent les principes de base de l'autothérapie. Après plusieurs semaines de pratique régulière, il arrivera sans doute un moment où vous vous sentirez prêt à proposer un traitement à vos amis.

Si vous êtes réellement en confiance, n'hésitez pas à faire partager le Reiki avec les personnes que vous aimez. Lorsque vous traiterez les autres, vous sentirez aussi les effets du Reiki sur vous-même. Des transformations auront lieu et de nouvelles perspectives se mettront en place.

Tout comme l'autothérapie, le traitement pour autrui est très simple à appliquer. Les positions de base sont plus nombreuses, mais il est tout à fait possible de les mémoriser en quelques jours.

UN TRAITEMENT DE BASE
DURE ENTRE UNE HEURE ET UNE HEURE TRENTE,
TOUT DÉPEND DE L'ÉTAT PHYSIQUE DE VOTRE PARTENAIRE.

- Pour les partenaires débutants, il est préférable de donner le traitement de base quatre fois de suite, sur quatre jours consécutifs. Le donneur reste environ cinq minutes sur chaque position. Bien entendu, les zones affectées peuvent recevoir un traitement de dix à vingt minutes.

- Avant de commencer, assurez-vous que votre patient est installé confortablement, jambes et bras décroisés.

- Adoptez une position détendue et confortable et invitez votre partenaire à la méditation. N'oubliez pas qu'une mise en condition préalable est nécessaire pour vous-même. Discrètement, respirez profondément, et évacuez mentalement vos propres préoccupations.

- Placez-vous derrière le patient et imposez les mains délicatement, en les bombant légèrement pour les adapter à la forme du corps et établir ainsi un bon contact.

Voici les seize positions du traitement de base pour autrui. Sachez que vous n'êtes pas contraint de les respecter point par point. Votre intuition se développe petit à petit, et vos mains vous guideront aux endroits qui ont besoin d'énergie.

DESCRIPTIF DES SEIZE POSITIONS RELATIVES AU TRAITEMENT DE BASE POUR AUTRUI

POSITION N° 1

Posez une main sur le sommet de la tête, au niveau du Chakra Coronal, et l'autre derrière la nuque. Cette position permet d'entrer en contact avec le patient et d'harmoniser les énergies.

PRESCRIPTIONS : Ouverture du Chakra Coronal et harmonisation des énergies.

POSITION N° 2

Posez vos deux mains collées ensemble, les doigts bien serrés (non crispés) sur le front en prenant bien soin de couvrir les yeux du patient. Cette position permet d'ouvrir le sixième Chakra ou Troisième Œil.

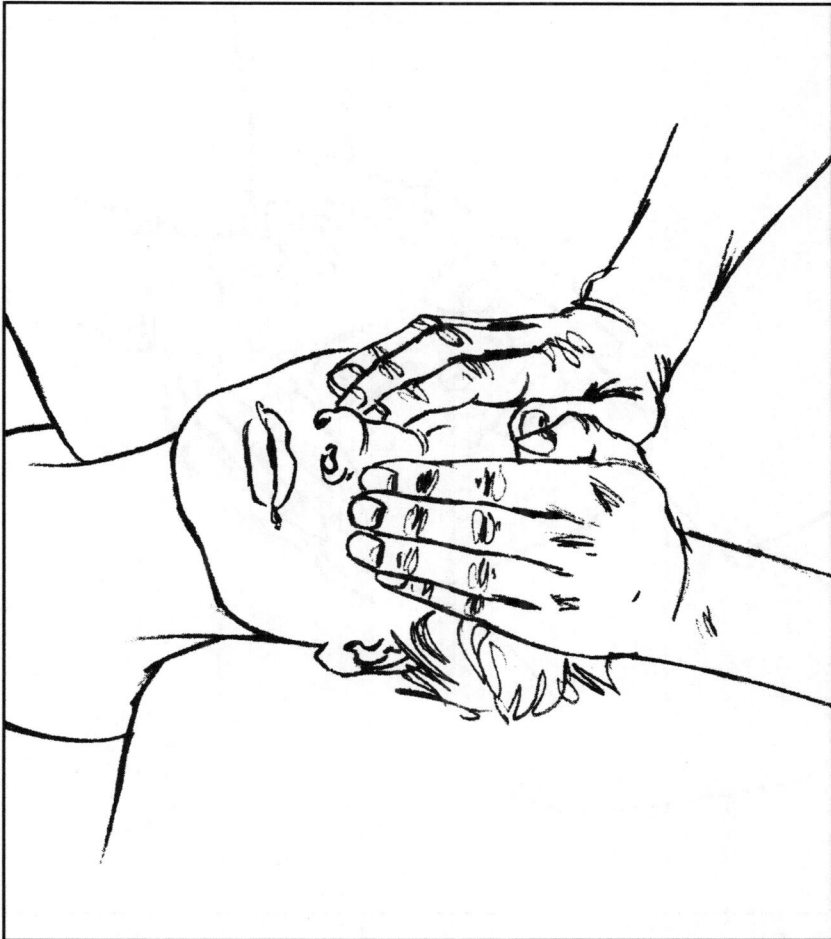

PRESCRIPTIONS : Sinusite, rhume, allergie, asthme, stress, crispation.

POSITION N° 3

Disposez vos mains le long des tempes du patient.

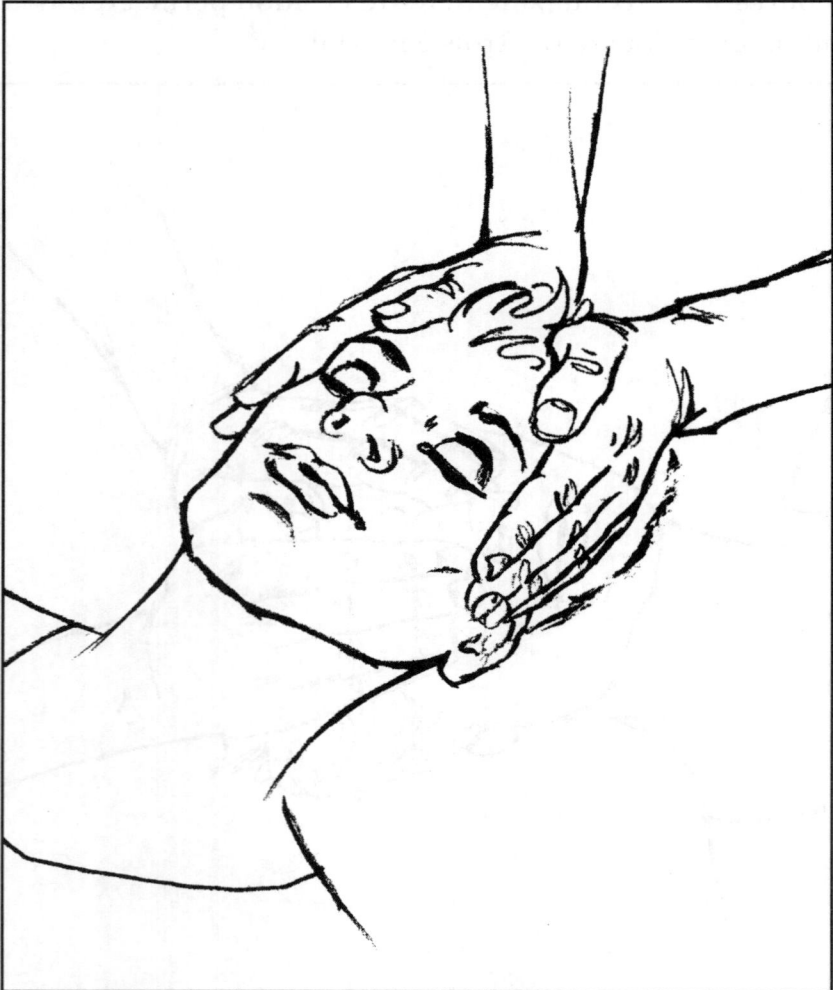

PRESCRIPTIONS : Douleurs oculaires, troubles cérébraux, stress.

POSITION N°4

Placez vos mains, en forme de coupes, de chaque côté des oreilles.

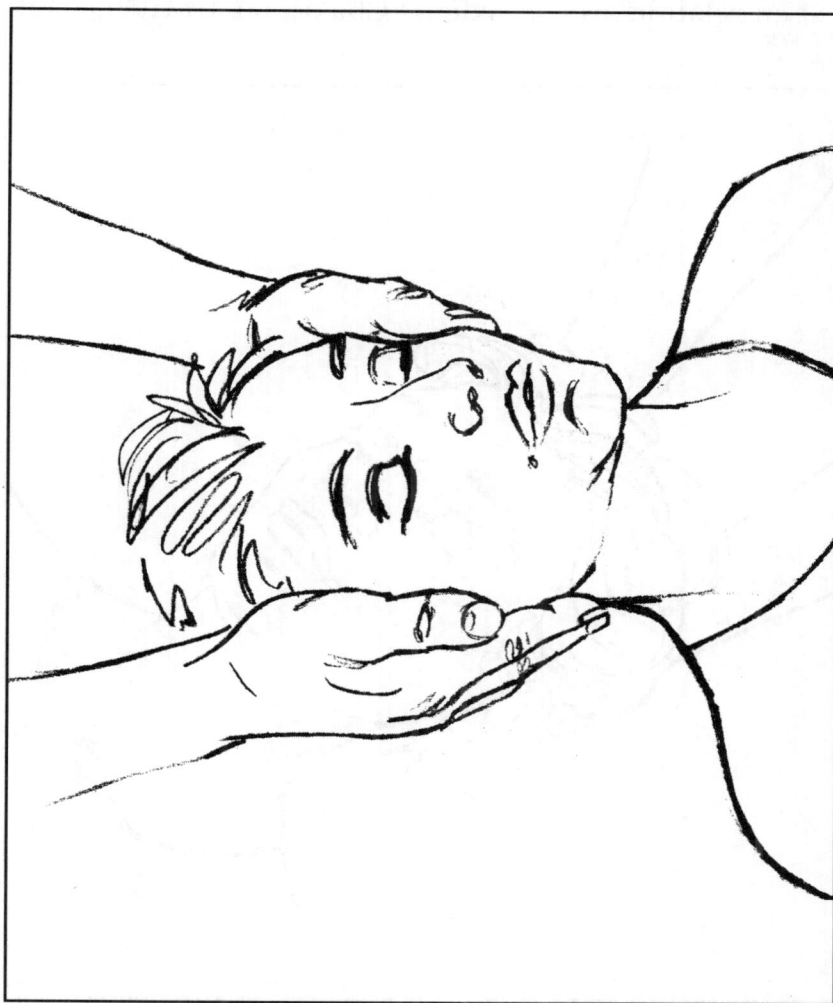

PRESCRIPTIONS : Cœur, intestins, reins, poumons, estomac, foie, vésicule, troubles de l'équilibre.

POSITION N° 5

Placez vos mains, collées ensemble, au niveau de l'occiput (l'extrémité des doigts contre la nuque). Cette position est en relation avec le sixième Chakra ou Troisième Œil.

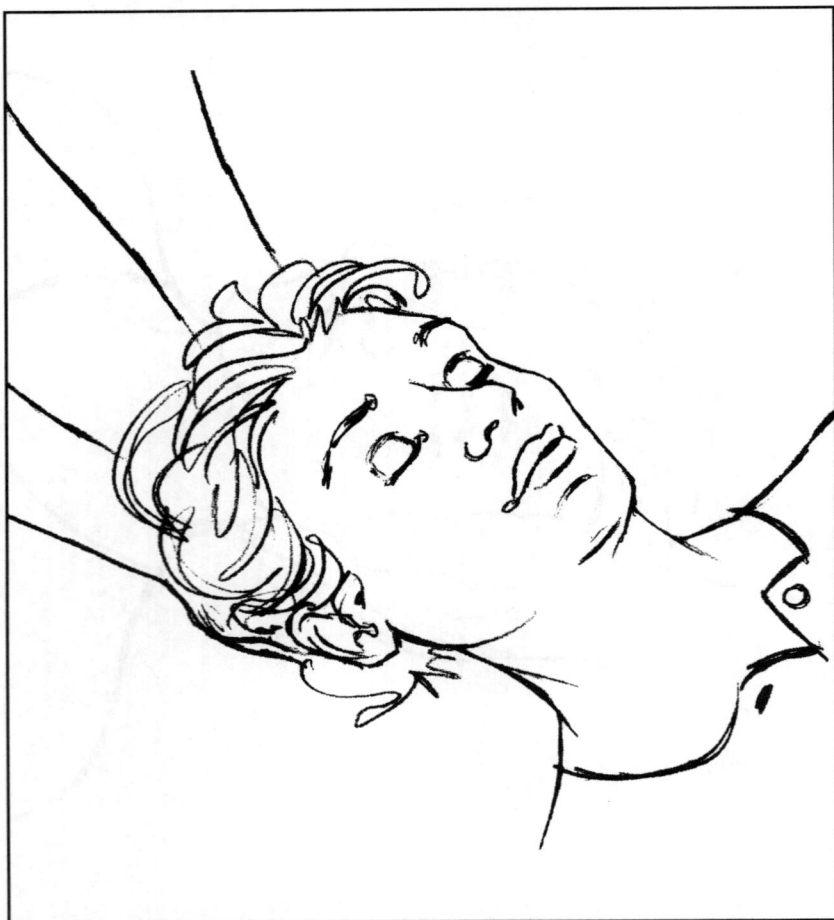

PRESCRIPTIONS : Maux de tête, rhume des foins, sinusite, troubles digestifs, stress, chocs émotionnels.

POSITION N°6

Disposez les deux mains transversalement, dans le même sens et collées, au sommet de la tête. Cette position permet la liaison avec le septième Chakra ou Chakra Coronal.

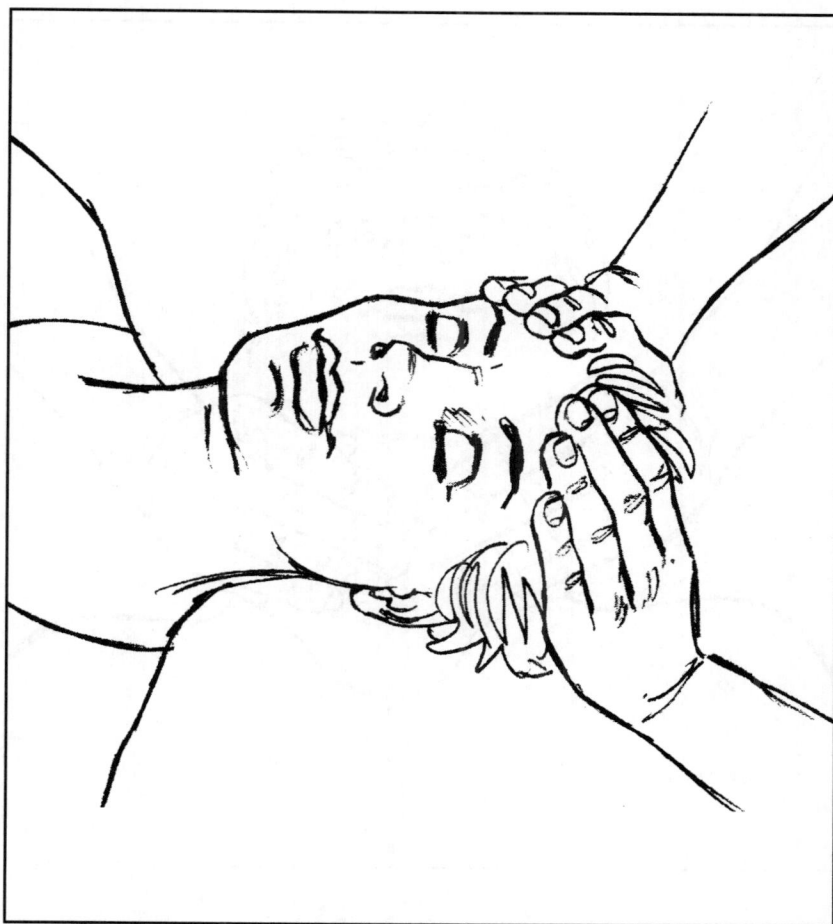

PRESCRIPTIONS : Migraines, troubles oculaires, crampes dans le bas du ventre, troubles digestifs, stress et émotions.

POSITION N°7

Posez les mains, en forme de V sur les côtés et l'avant du cou, de sorte que les index se touchent. Cette position met en relation le Chakra Laryngé avec le Chakra Sacré ou Hara.

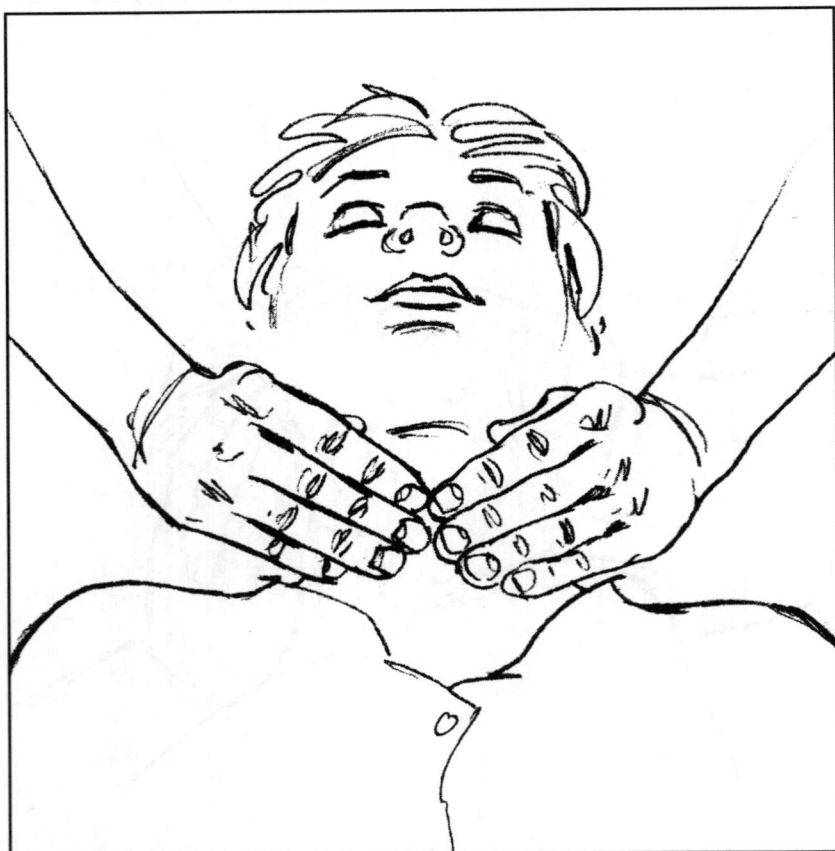

PRESCRIPTIONS : Problèmes thyroïdiens, palpitations cardiaques, battements de cœur, angine, grippe, irritation et frustration.

POSITION N°8

Placez les mains sur les clavicules de votre partenaire. L'extrémité des doigts de chaque main se touchent.

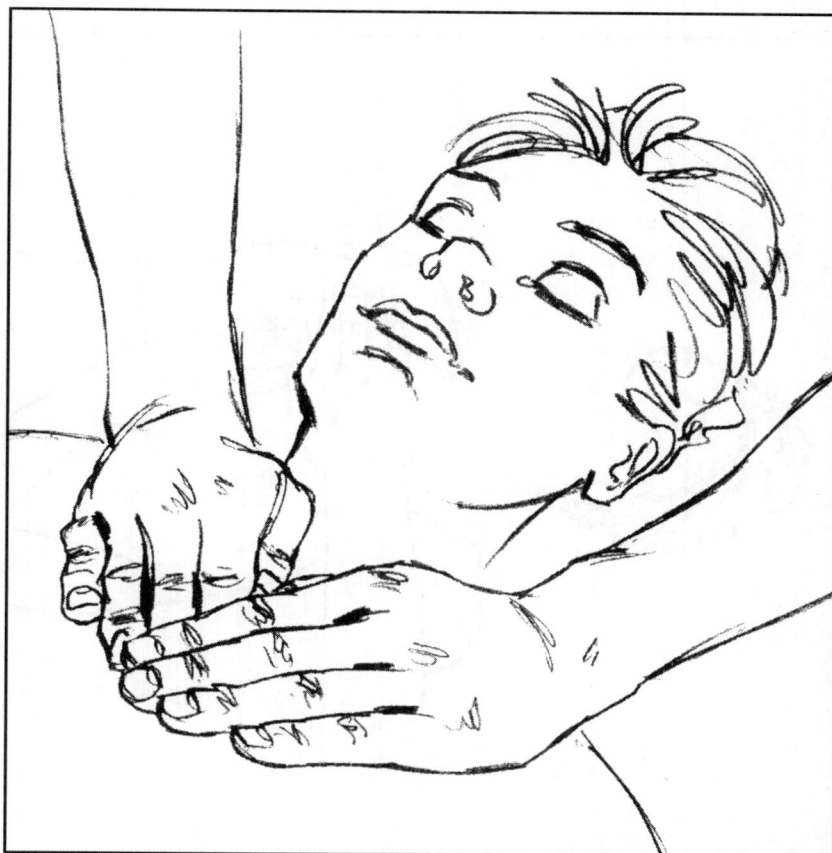

PRESCRIPTIONS : Bronchites, asthme, allergies, toux.

POSITION N° 9

Posez la main droite sur la poitrine et la main gauche en dessous, de manière à former une croix sur la région du cœur. Cette position est en relation avec le Chakra Cardiaque.

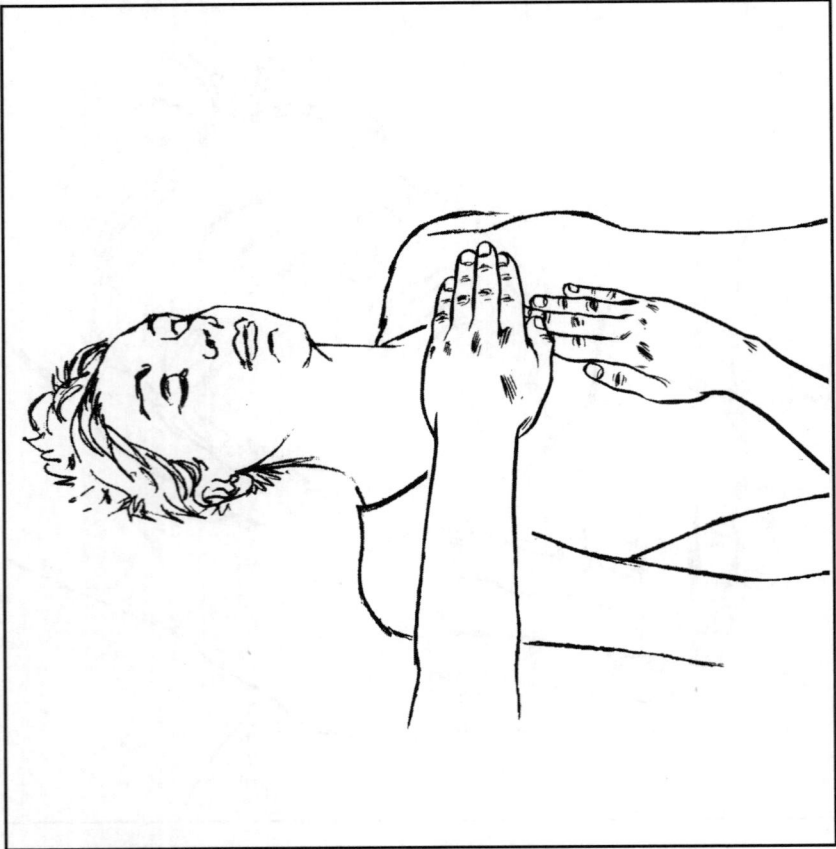

PRESCRIPTIONS : Cœur, thymus, poumons, problèmes cardiaques, bronchite, état dépressif.

POSITION N° 10

Placez une main sur l'estomac et l'autre en dessous, sur le nombril. Veillez à ce que les index se rejoignent. Vous êtes en relation avec le troisième Chakra ou le Chakra Solaire.

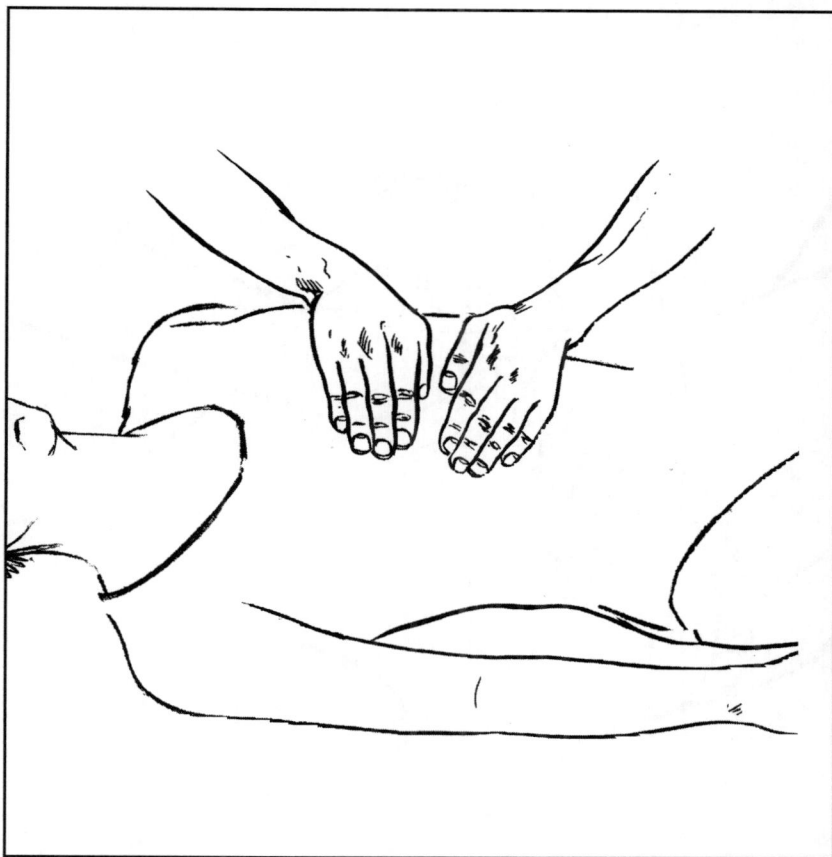

PRESCRIPTIONS : Plexus solaire, estomac, cœur, appareil digestif, troubles intestinaux, chocs émotionnels, état dépressif.

POSITION N° 11

Les mains, extrémités opposées, sont posées sur le bas-ventre, position en V. Cette position met en relation le Chakra Coccigien et le Chakra Sacré.

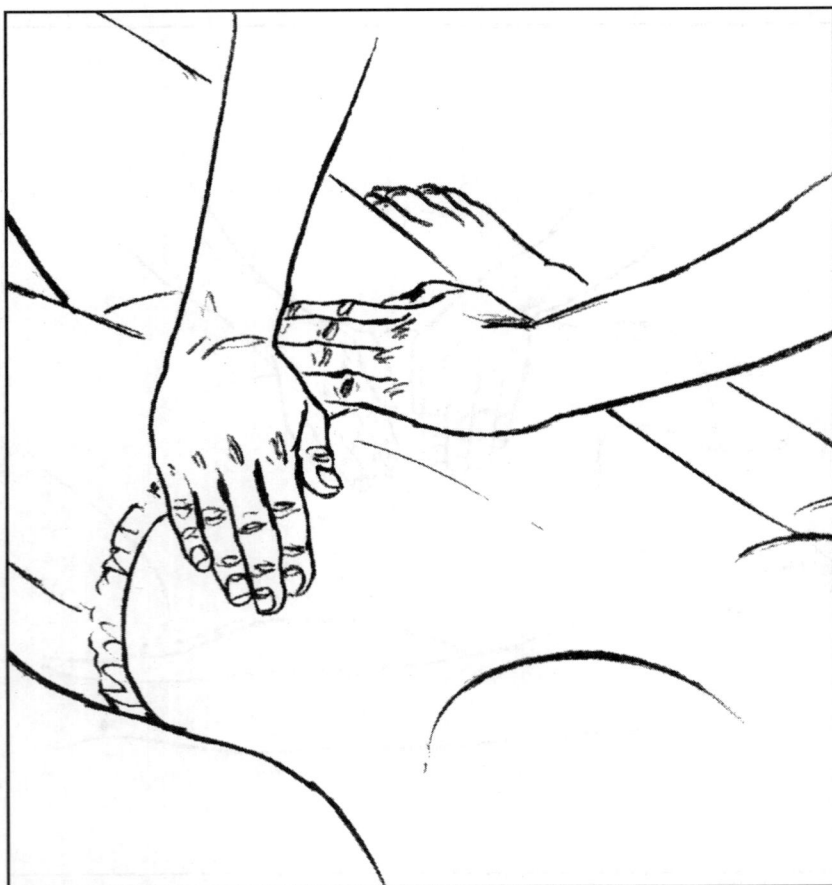

PRESCRIPTIONS : Troubles intestinaux, ovaires, vessie, appendice, mal de dos, troubles de la ménopause.

POSITION N° 12

Posez les deux mains côte à côte sur les épaules. Le patient est allongé sur le ventre.

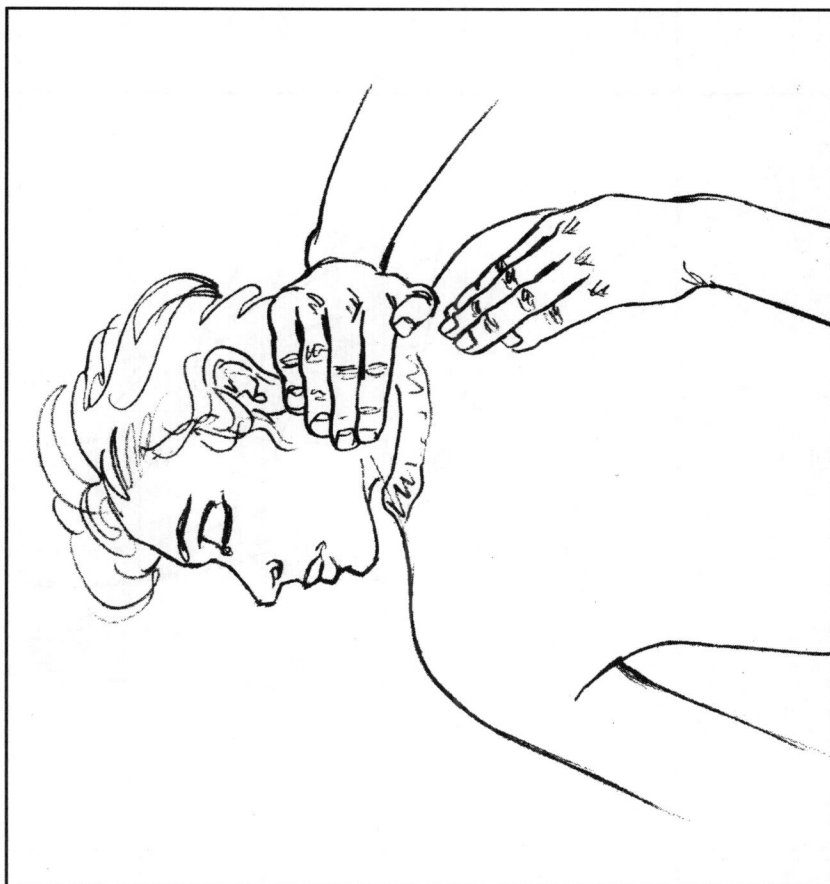

PRESCRIPTIONS : Douleurs osseuses, colonne vertébrale, nerfs, état de stress ou de crispation.

POSITION N° 13

Posez les deux mains ensemble le long du dos, puis descendez jusqu'au bas des fesses. Le patient est allongé sur le ventre.

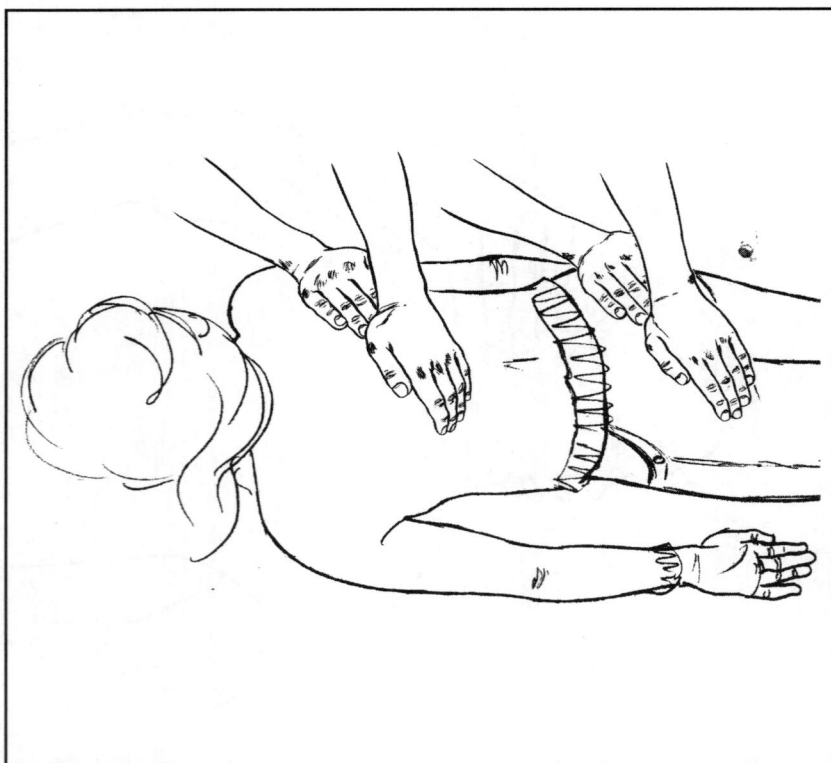

PRESCRIPTIONS : Nerfs, poumons, hanche, sciatique, problèmes de dos, stress, désintoxication.

POSITION N° 14

Posez les mains sur les jarrets du patient ou sur le creux de chaque genou. Votre partenaire est toujours couché sur le ventre.

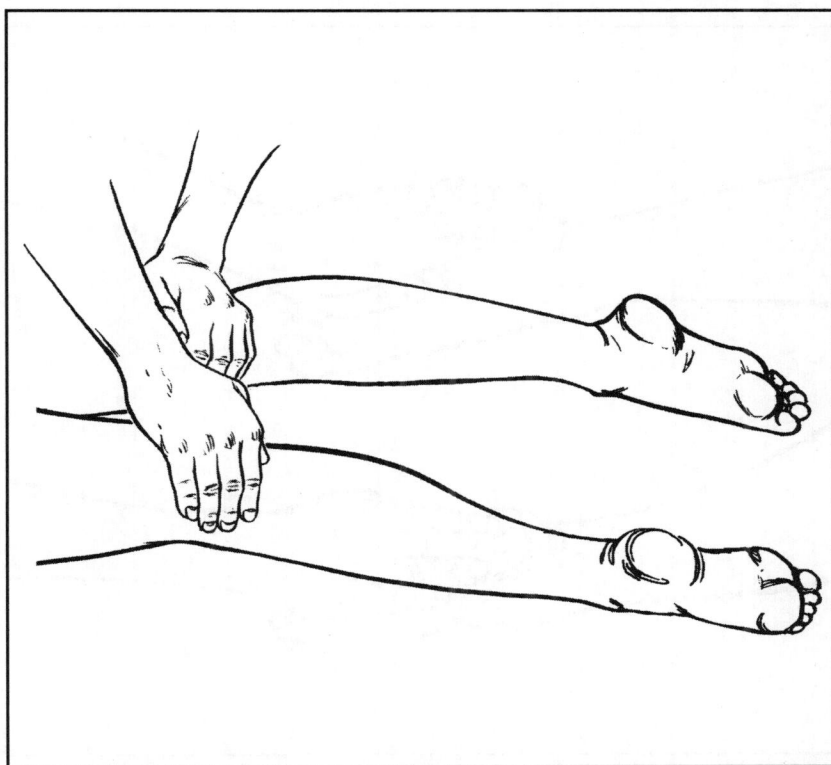

PRESCRIPTIONS : Rhumatismes, mauvaise circulation, crampes, crispations.

POSITION N° 15

Placez-vous face aux pieds du patient, dans le prolongement du corps du partenaire, de façon à ce que vos paumes recouvrent ses orteils.

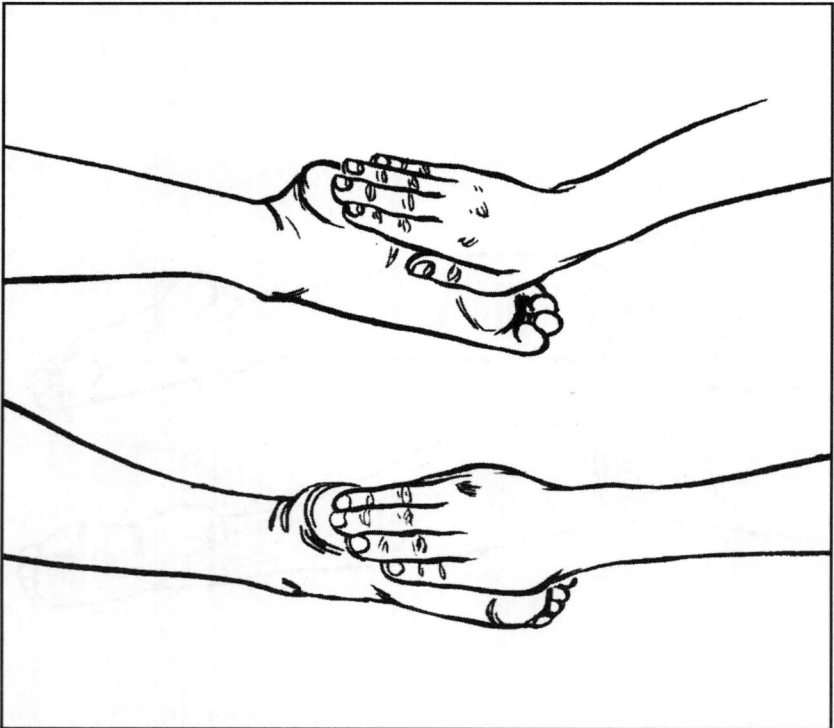

PRESCRIPTIONS : Voûte plantaire, crampes, rhumatismes et autres douleurs plantaires.

POSITION N° 16

Prenez confortablement le talon de chaque pied et appuyez-le dans le Chakra de chacune de vos mains.

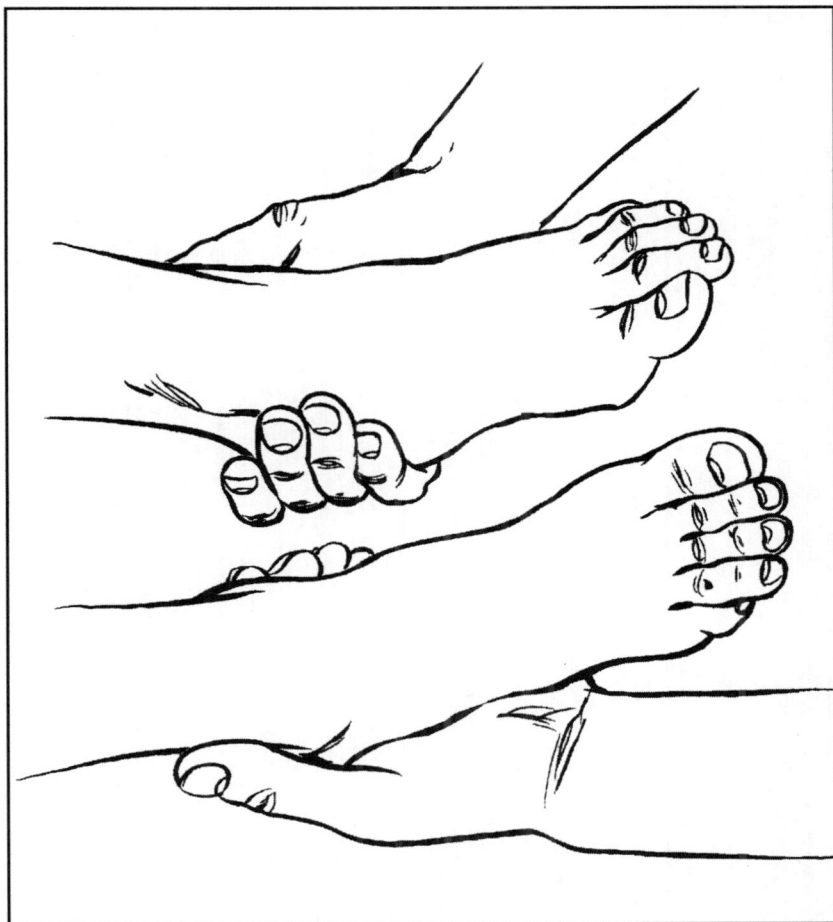

PRESCRIPTIONS : Douleurs plantaires liées à un effort physique, douleurs aux talons, fatigue, stress.

LE TRAITEMENT IMMÉDIAT

Bien qu'il soit toujours préférable d'appliquer un traitement complet, il nous a semblé utile de vous présenter la technique du traitement rapide. Cette dernière permet d'une part de faire une séance de courte durée (dix minutes environ) si les partenaires sont pressés par le temps, d'autre part de soulager rapidement une douleur occasionnelle (fatigue, stress, mal de dos…). Comme l'autothérapie, le traitement rapide peut s'effectuer dans n'importe quel lieu du moment qu'il soit confortable. Le patient peut être assis sur une chaise ou allongé. Pour le premier cas, il doit impérativement avoir les pieds à plat sur le sol, bras décroisés et mains posées sans crispation sur les cuisses. Après vous être placé derrière votre partenaire, faites votre centrage du cœur (mains au milieu de votre poitrine à la hauteur de votre cœur).Vous êtes maintenant prêt à commencer. Vous n'avez qu'à suivre les indications livrées dans le descriptif.

DESCRIPTIF DES SEPT POSITIONS RELATIVES AU TRAITEMENT IMMÉDIAT

POSITION N° 1

Posez une main sur le sommet de la tête, au niveau du Chakra Coronal, et l'autre derrière la nuque.

POSITION N° 2

Posez délicatement les mains sur chaque épaule de votre patient pour vous harmoniser avec lui.

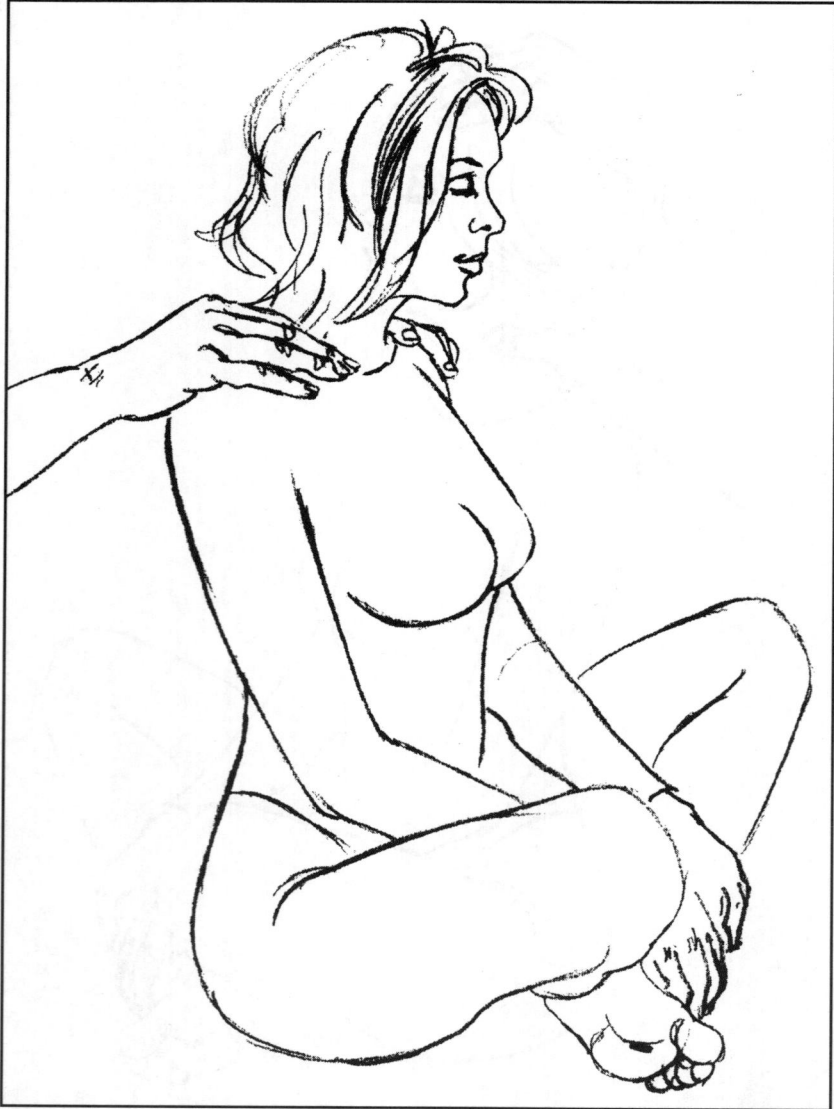

POSITION N° 3

Posez la main droite sur le front, et la main gauche sur la nuque.

POSITION N°4

Posez la main droite sur la gorge et la main gauche sur le cou, à la même hauteur que la gorge.

POSITION N° 5

Posez la main droite sur la poitrine, à la hauteur du Chakra Cardiaque, et la main gauche dans le dos.

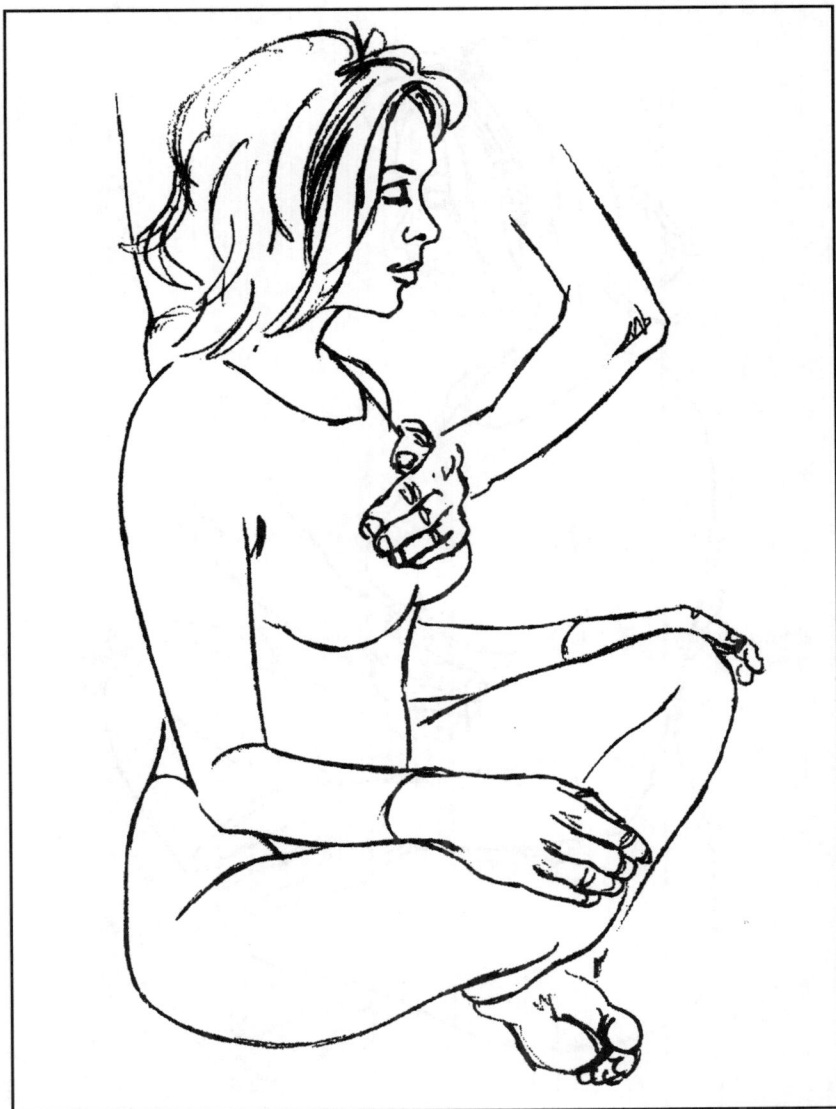

POSITION N° 6

Posez la main sur le Chakra du plexus solaire. La main qui se trouve dans le dos, se pose à hauteur des reins.

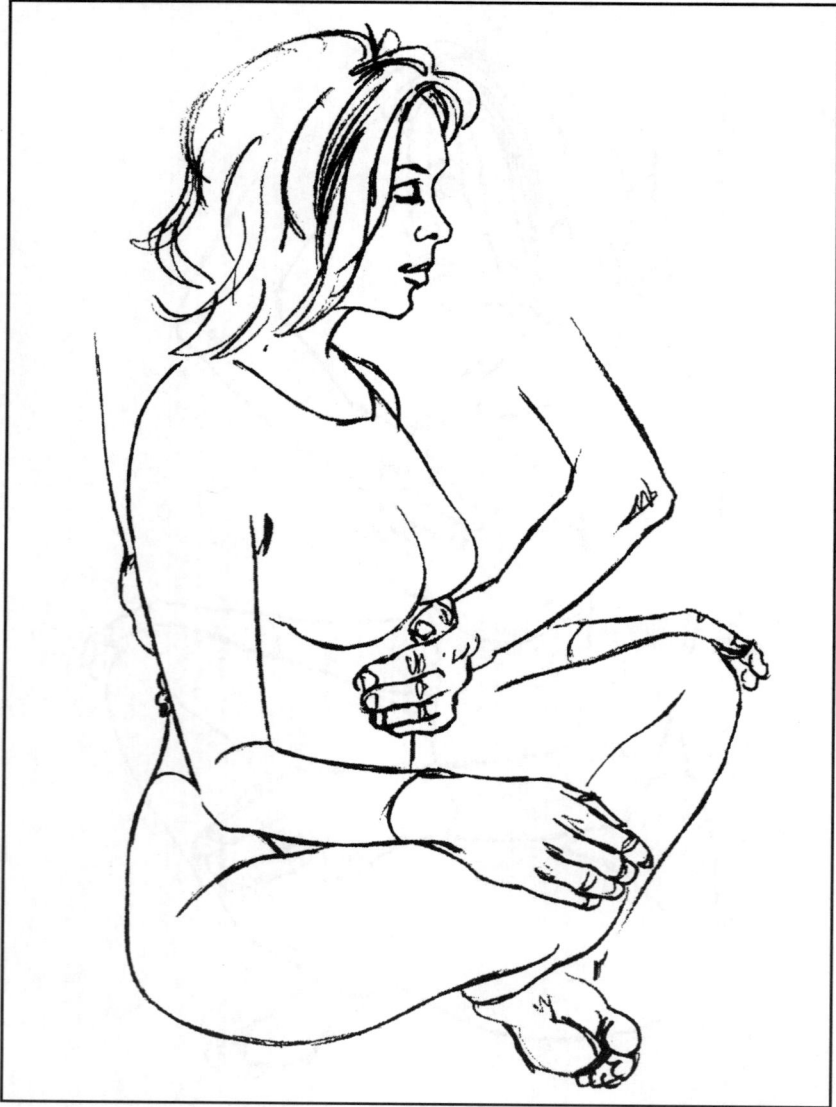

POSITION Nº 7

Posez la main droite sur le ventre et la main gauche, à l'arrière, à la même hauteur.

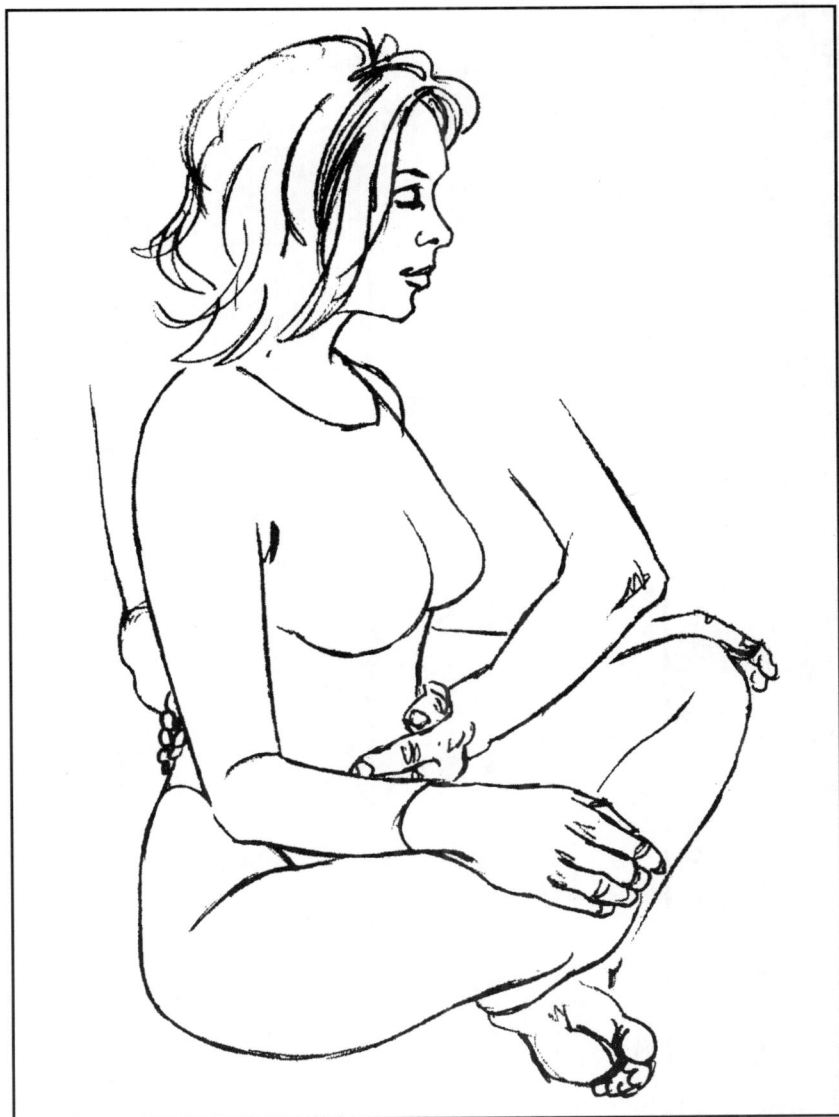

LE TRAITEMENT COGNITIF

Tout individu rencontre des difficultés au cours de son existence. En dehors des maladies physiques et psychiques, il existe bien des problèmes dans notre vie. Ces problèmes, les médecins, les psychiatres, les psychothérapeutes essaient de les résoudre ; mais, en fait, c'est nous-même qui les résolvons, lorsque nous devenons conscients et coopérons avec les forces naturelles de la vie qui est en nous.

La crainte, l'inhibition, les complexes d'infériorité et le sentiment de culpabilité sont à l'origine de ces problèmes. Alors que la foi, la confiance en soi et l'amour sont des forces positives et constructives. Il nous faut donc détruire tous nos états mentaux négatifs au moyen de certaines affirmations particulières, c'est-à-dire qu'il nous faut les transformer en attitudes mentales positives.

La méthode de traitement cognitif trouve ici toute son efficacité. Le terme cognitif dérive du latin *cognitus* qui veut dire «connaissance». En Psychologie, le terme se rapporte aux processus par lesquels un être vivant acquiert des informations sur son fonctionnement mental.

Cette méthode permet alors à l'individu dépressif de percevoir les véritables motifs de son comportement et de reconnaître les causes de ses problèmes.

Ainsi, à chaque fois que nous avons un problème, nous devons en corriger la cause afin que le problème disparaisse. Pour ce faire, une discipline mentale est absolument nécessaire, c'est-à-dire que nous devons entraîner notre esprit de telle sorte qu'il demeure tout à fait conscient de ce qu'il pense, de ce qu'il dit et de ce qu'il fait. Cette connaissance de nos structures mentales est essentielle pour ne pas répéter des schémas de comportement néfastes qui viennent contrarier le développement de la personnalité.

Avec le Reiki, il est possible d'entrer en contact avec son moi intérieur, de changer ses modèles de comportement répétitifs, et enfin de parvenir à libérer et transformer son existence. Il n'est donc pas rare, après un traitement mental, que vous retrouviez la joie de vivre suite à une période de dépression intense, que vos problèmes de communication s'améliorent avec autrui ou en société ou bien encore que votre confiance en vous se renforce pour faire aboutir vos projets.

Ainsi, comme nous l'avons déjà expliqué, le Reiki n'est pas seulement un système de postures physiques favorisant la santé, comme le pensent certaines personnes, mais un art de vivre harmonieusement et créativement sur la base d'une expérience intégrale de tout l'être.

C'est une méthode qui vise à ouvrir la source de l'inspiration créatrice cachée dans la psyché humaine. C'est un acte de manifestation de soi et de la multiplicité de l'être. Il pose l'édifice pour un développement plus élevé de soi-même et d'une conscience de soi plus profonde qui efface les causes psychologiques néfastes de tous les comportements humains.

La méthode cognitive fait partie des initiations du second degré. Cette forme de traitement demande une plus grande implication de la part du praticien. Il doit évacuer ses propres contrariétés afin de ne pas les projeter sur le patient, et doit viser uniquement au bien-être de son partenaire.

Il est indispensable qu'une conversation ait lieu avant le traitement, ce dernier n'étant possible qu'après avoir obtenu l'assentiment du patient. Certains praticiens recommandent d'ailleurs une séance de psychothérapie avant le traitement. Un entretien avec le patient permet au guérisseur de cerner la personnalité de son partenaire pour qu'il puisse donner ses meilleurs résultats. Aussi, il vise tout naturellement à installer une relation de confiance et d'intimité.

Ce deuxième niveau de traitement reprend la méthode d'imposition des mains du premier niveau en utilisant des symboles.

Ces symboles sont au nombre de trois. Le premier concerne l'appel de l'énergie vitale universelle. Le praticien doit se représenter les contours du corps du patient (dans le cas d'un autotraitement, c'est à vous de visualiser les contours de votre corps). Cette visualisation permet d'appeler l'énergie du Reiki et de la concentrer sur certaines parties du corps.

Le deuxième symbole permet d'établir une relation directe avec l'inconscient du sujet. En visualisant le flux de lumière inonder peu à peu le corps et l'esprit, nous constatons que le courant passe très facilement dans certaines zones, plus difficilement dans d'autres. L'objectif de ce symbole est d'apaiser le mental conscient, de façon à ce que l'inconscient puisse émerger en favorisant ainsi le processus de guérison.

En psychanalyse, nous dirions que le symbole favorise les passages entre les différents niveaux de conscience, le connu et l'inconnu, le moi et le surmoi, le manifeste et le latent.

On peut donc dire que la première fonction de ces symboles est exploratoire. Comme une tête chercheuse projetée dans l'inconnu, ils scrutent et tendent à exprimer le sens de l'aventure spirituelle des hommes, lancés à travers l'espace-temps. Ils permettent ainsi de définir d'une certaine manière une relation que la raison ne peut définir, parce qu'un terme en est connu et l'autre inconnu. Ils étendent le champ de la conscience dans un domaine où la mesure exacte est impossible et où l'entrée comporte une part d'aventure et de défi.

Lors du traitement mental qui dure environ quinze à vingt minutes, vous devez localiser les zones sombres du corps de votre partenaire. Si vous ressentez que certaines parties du corps sont faiblement énergisées, n'hésitez pas à favoriser les soins à ces endroits. Lancez un appel à l'intention de l'énergie et invitez-la à se diriger vers telle ou telle zone.

Nous avons choisi ici de vous donner quelques exemples parmi les problèmes humains les plus courants.

MÉLANCOLIE

SYMPTÔMES :
- Manque d'humour, crainte, humeur noire, attitudes négatives, pessimisme.

ATTITUDES À ADOPTER :
- Sens de l'humour, joie de vivre, attitudes positives, optimisme.

POSITIONS :
- Disposer transversalement les mains sur le dessus de la tête.

FRUSTRATION

SYMPTÔMES :
- Manque d'intérêt dans la vie, étroitesse d'esprit, réserve, manque de dynamisme, refoulement.

ATTITUDES À ADOPTER :
- Enthousiasme, intérêt pour autrui, largeur d'esprit, épanouissement.

POSITIONS :
- Disposez les mains sur les côtés et l'avant du cou.

SUSCEPTIBILITÉ

SYMPTÔMES :

- Égocentrisme, sentiment de culpabilité, manque de tolérance.

ATTITUDES À ADOPTER :

- Légèreté, tranquillité d'esprit, compréhension et tolérance.

POSITIONS :

- Disposez une main supérieure sur l'estomac et la main inférieure sur le nombril.

INDÉCISION

SYMPTÔMES :

- Paresse, fatigue, manque d'initiative, esprit négatif, manque d'assurance.

ATTITUDES À ADOPTER :

- Fermeté, confiance en soi, dynamisme, esprit d'initiative.

POSITIONS :

- Disposez les mains sur le bas-ventre, position en V.

ÉNERVEMENT

SYMPTÔMES :

- Précipitation, agitation, confusion de la pensée, conflits inutiles.

ATTITUDES À ADOPTER :

- Apaisement, calme, sérénité.

POSITIONS :

- Disposez les mains avec soin le long de chaque tempe.

OBSESSION

SYMPTÔMES :

- Méfiance, angoisse, phobies, complexe de culpabilité.

ATTITUDES À ADOPTER :

- Confiance, décontraction, compréhension.

POSITIONS :

- Disposez les mains au niveau de l'occiput.

CRISPATION

SYMPTÔMES :

- Problèmes de communication, stress, nervosité, sautes d'humeur.

ATTITUDES À ADOPTER :

- Décontraction, paix intérieure, confiance.

POSITIONS :

- Disposez les mains côte à côte sur les épaules.

LE REIKI
À DISTANCE

La pratique du Reiki à distance peut vous paraître très étrange. En effet, sans réfléchir, vous pourriez associer ce genre de méthode à celles employées par les sorciers, les magiciens, les occultistes ou, plus simplement, les charlatans.

Pratiquer le Reiki à distance n'est pas un phénomène surnaturel.

Partant toujours de l'état psychique, physique et mental du praticien, les méthodes utilisées sont saines et n'ont rien à voir avec des pratiques condamnables de pseudo-sorcellerie ou de pseudo-spiritisme qui ne tendent qu'à perturber, voire à détruire ceux qui les exercent.

La communication à distance est l'expression de l'une de nos fonctions cérébrales, souvent mal réputée, il est vrai.

Toutefois, d'après certaines recherches actuelles en physique, il est actuellement reconnu que l'esprit peut contrôler le corps pour le mieux-être des humains. Des études ont démontré l'existence de «Bio-Psychokinèse» ou influence de la pensée sur la matière vivante, permettant ainsi des changements très divers au niveau physique, psychique ou affectif, grâce aux énergies mentales dirigées.

Dans notre société de consommation, nous sommes tous influencés à notre insu par de nombreuses projections mentales. C'est un cas fréquent dans le domaine de la publicité. Nous affectons nous-même sans le savoir les gens faisant l'objet de nos pensées.

L'influence à distance par la force de la pensée existe aussi sous le terme de télépathie. Combien de fois avez-vous ressenti qu'une personne proche de vous était en danger alors qu'elle était en déplacement ? Combien de fois pensiez-vous à une personne en particulier au même moment où elle vous appelait au téléphone ?

Ces phénomènes sont fréquents dans la vie quotidienne. Ce sont des possibilités qui appartiennent à chacun de nous sans que nous en ayons conscience.

Évitons les pièges de l'ignorance qui risquent de provoquer l'épuisement et l'obtention de faibles résultats, alors qu'il est possible de s'épanouir et d'obtenir en même temps des résultats excellents.

Nous avons tous besoin de faire circuler ces énergies qui sont en nous. Elles sont indispensables à notre équilibre psychique et physique.

De plus, elles sont susceptibles de participer à notre «mieux-vivre» et à notre réussite.

Il n'est jamais trop tard pour prendre conscience ou pour faire prendre conscience de ses possibilités à tout être humain. Il n'est jamais trop tard pour permettre à la véritable personnalité de se révéler et de s'affirmer, enfin débarrassée de ses blocages. Pourquoi rester faible, ou rester convaincu de l'être, alors que des forces importantes sommeillent en nous ? Elles sont à notre disposition si nous parvenons à les maîtriser et à en commander les multiples effets.

LE REIKI À DISTANCE :

- Généralement, le traitement à distance s'effectue lorsque, pour des raisons de temps ou de déplacement, nous ne pouvons rencontrer la personne à qui nous aimerions transmettre le Reiki.

- Pour pratiquer le Reiki à distance, le praticien doit jouir d'une bonne santé physique et morale. Une mise en condition préalable est indispensable. Elle nécessite d'éliminer toute pensée étrangère au sujet à traiter et de faire le vide mental.

- De son côté, le destinataire du traitement à distance devra s'allonger confortablement afin d'être complètement disponible à la réception de l'énergie vitale.

- Il est important que le donneur connaisse l'identité du patient. S'il ne l'a jamais rencontré, il est préférable qu'il ait une photo de lui.

- Le traitement à distance est appelé à rendre de grands services. La fréquence des séances est d'une importance capitale, surtout au début. Quatre à cinq séances sont nécessaires, avant que cette influence à distance porte ses fruits.

- Pour ce qui est de la procédure à entreprendre, il vous suffit de reprendre la méthode de traitement pour autrui et d'utiliser les symboles du second degré.

- C'est ici qu'intervient le troisième symbole, la clé ouvrant l'accès à la puissance Reiki. Cette dernière favorise la concentration de l'esprit sur l'émission de l'énergie vitale au-delà du temps et de l'espace.

- Pour transmettre le Reiki à distance, il faut donc émettre l'énergie sous forme d'un rayon puissant. Il est possible d'aider le patient, en se concentrant mentalement sur l'image de sa guérison.

- Une fois que vous avez visualisé le Reiki, laissez-le canaliser vos mains puis rejoindre le corps de votre partenaire.

- À la fin de la séance, remerciez l'énergie du Reiki, soufflez délicatement entre vos mains, et frottez-les doucement.

QUATRIÈME PARTIE

Procédé d'application particulière du Reiki

LE REIKI POUR LES ENFANTS

LA méthode de traitement par le Reiki est fréquemment utilisée par les femmes enceintes, car elle permet de soulager les symptômes accompagnant la grossesse (mal de dos, maux de tête, nausée, dépression).

Une pratique régulière est tout à fait recommandée pour les femmes qui désirent être préparées à l'accouchement. Les exercices de relaxation et de respiration effectués lors des traitements sont très efficaces. Ils permettent d'éviter les convulsions, la raideur, ou même les douleurs que peut provoquer l'accouchement.

Aussi, durant la grossesse, certaines femmes se sentent épuisées mentalement et physiquement. En suivant la méthode du Reiki, ces dernières se sentiront plus légères, actives et remises en forme.

Enfin, après l'accouchement, il est tout à fait possible d'administrer le Reiki à votre nourrisson. Bien entendu, il n'est pas question d'appliquer la méthode du traitement de base étant donné la taille du corps d'un nouveau-né. Cependant, vous pouvez faire reposer vos mains sur certaines partie du corps de ce dernier (en particulier les pieds auxquels les bébés sont très sensibles) ou encore l'entourer de vos bras, ces gestes favorisant la circulation du Reiki.

Certaines mères utilisent aussi cette technique pour préparer l'enfant à s'endormir. Lorsque ce dernier est énervé et qu'il refuse le sommeil, il est recommandé de poser les deux mains sur son ventre ou sa tête. Le seul fait de le toucher délicatement permet la transmission du Reiki. Ce dernier aura un effet très relaxant et l'enfant s'endormira plus rapidement.

En cas de douleur ou de maladie, il est important d'accompagner l'enfant dans son processus de guérison. La méthode du Reiki trouve ici toute son efficacité. D'une part, l'enfant sentira qu'il est entouré pendant la période de sa convalescence. D'autre part, il puisera des forces dans l'énergie vitale réparatrice. Cette dernière, véhiculée par le Reiki, accompagnera l'enfant sur le chemin de la guérison.

Vous l'avez compris, la thérapie par le Reiki est véritablement le moyen le plus sûr de prévenir la maladie ou d'aider à sa guérison.

La santé de nos enfants est un don de la nature, c'est à nous, parents, de s'employer pleinement à le conserver.

LE REIKI POUR LES PERSONNES ÂGÉES

COMME nous l'avons vu auparavant, nous avons tous besoin d'aide pour accepter et traverser les cycles naturels de la vie. Tout comme l'état de grossesse, l'état de vieillesse provoque généralement une appréhension de la part de ceux qui le subissent. C'est pourquoi, l'expérience du Reiki pour une personne âgée est tout à fait bénéfique. Tout comme la femme enceinte, la personne âgée peut bénéficier d'une thérapie.

Le Reiki nous enseigne comment le corps doit être mis en condition parfaite et soumis au contrôle rigoureux de l'esprit. L'âge n'est donc pas un obstacle, personne n'est trop vieux pour pratiquer le Reiki. Même les personnes les plus fragiles physiquement peuvent se soumettre à un traitement par le Reiki. Il n'y a aucune posture difficile à accomplir, il suffit de vous allonger dans un lieu confortable.

Aussi, suivant l'état de fatigue et de résistance physique de la personne, vous pouvez choisir le traitement immédiat ou le traitement de base.

Les exigences de la vie moderne nous font dépenser beaucoup plus que ce que nous gagnons en énergie nerveuse. C'est seulement en trouvant l'équilibre entre ce que nous gagnons et ce que nous dépensons que nous pouvons maintenir notre potentiel de santé.

Une pratique régulière du Reiki permet de recharger complètement le corps d'énergie vitale tout comme une batterie d'accumulateurs se recharge en la branchant sur le courant.

Il est donc fortement recommandé aux personnes âgées d'utiliser la méthode du Reiki. Cette dernière est une arme contre le vieillissement.

Grâce au Reiki, les personnes âgées bénéficient d'une vitalité accrue et leurs facultés intellectuelles s'améliorent.

Par cette méthode, on se sent jeune, plein de vitalité, et la vie peut être prolongée.

LE REIKI POUR LES ANIMAUX

Au même titre que les humains, les animaux sont fortement sensibles au traitement par le Reiki. Puisque l'espace qui nous environne, l'univers, est empli de l'énergie vitale universelle, il n'y a rien de surprenant que le Reiki soigne les animaux de la terre. Bien entendu, il est difficile de savoir ce qu'un animal peut ressentir lors d'une séance de Reiki. Toutefois, nous avons pu observer qu'il n'était pas insensible. Généralement, son corps à tendance à se détendre et sa respiration est plus calme comme s'il se libérait de quelque chose.

L'application du Reiki aux animaux est quasi identique à celle qui est pratiquée sur les humains. Vous pouvez utiliser le traitement de base (douleurs ou maladies physiques) et le traitement mental (troubles du comportement) bien qu'il soit parfois plus commode d'utiliser le traitement à distance.

Dans la plupart des cas, il est conseillé de commencer le traitement par les oreilles. Il suffit de placer vos mains derrière les oreilles de votre animal domestique. Ensuite, c'est le reste du corps qui est systématiquement traité. Procédez de la même manière que sur le corps humain, en tenant compte des zones réceptrices d'énergie.

Très vite, vous sentirez que votre animal se métamorphose après une séance de Reiki. Un chat peureux et distant peut devenir un chat très attachant, un chien nerveux et bruyant peut, d'un jour à l'autre, se transformer en un chien calme et détendu.

Il est indispensable de veiller à la bonne santé de nos plus fidèles compagnons afin de préserver notre équilibre et celui de la planète toute entière.

C'est dans ce cadre que s'inscrit le Reiki. Il est un outil formidable pour préserver la survie des êtres qui nous entourent.

LE REIKI POUR LES PLANTES

Le monde végétal, tout comme le monde animal aime beaucoup le Reiki.

Les plantes traitées par le Reiki sont généralement plus saines, plus vigoureuses et plus résistantes. Après un traitement, vous pourrez observer des transformations spectaculaires : forte croissance, profusion de bourgeons, verdoyance et ténacité face aux parasites...

Nos plantes ont besoin de l'énergie du Reiki pour croître et prospérer. Une technique efficace pour leur en donner consiste à tenir le pot entre vos mains et traiter les racines. Vous pouvez compléter par un traitement des feuilles. Si le feuillage est malade, on peut aussi transmettre directement le Reiki sur les zones affectées ou, de préférence, effectuer un traitement à distance.

Vous pouvez également communiquer l'énergie universelle aux graines en germe dans le sol. En période de semence, n'hésitez pas à placer vos mains au-dessus de l'endroit où elle se situent. Très vite, vous constaterez des changements en terme de croissance et de floraison. Certains praticiens, particulièrement préoccupés par notre système écologique, utilisent l'énergie du Reiki pour ressourcer et énergétiser la planète entière.

Dans ce cas, il vous suffit de visualiser la terre entre vos mains et de laisser couler l'énergie.

Lorsque notre énergie mentale ou notre conscience est bien disciplinée, nous pouvons la diriger sur commande vers n'importe quel corps, qu'il soit humain, animal ou végétal.

Si les courants de force vitale de chaque individu étaient dirigés consciemment et d'une manière égale vers toutes les zones de la planète, nous pourrions sans doute vivre plus harmonieusement et jouir d'une meilleure qualité de vie.

LE REIKI EN SÉANCES COLLECTIVES

Lorsqu'une séance de Reiki se déroule à plus de deux personnes, on parle de séance collective. Les traitements dispensés lors de ces séances sont généralement plus courts que ceux des séances individuelles puisque les effets sont décuplés.

PRENONS UN EXEMPLE :

Trois personnes sont réunies dans une même pièce pour effectuer un traitement complet. Une seule d'entre elles va se désigner comme receveur, les deux autres prennent place autour d'elle. La procédure est très simple. Chaque donneur suit l'enchaînement des positions de base, et, à chaque fois que le premier d'entre eux modifie la position de ses mains, l'autre en fait de même, et ainsi de suite.

Veillez à ce que chaque changement de position soit synchronisé afin de ne pas modifier le bon déroulement du traitement. Une mauvaise synchronisation risquerait d'interrompre le flux d'énergie transmis par les donneurs.

Cette méthode est tout à fait exceptionnelle puisqu'elle intensifie le flux de Reiki. Pour notre exemple, les canaux sont au nombre de deux, et l'énergie déployée correspond à deux paires de mains.

Il est possible aussi de pratiquer le Reiki à distance à plusieurs personnes, à condition que celles-ci basent leur action sur les mêmes principes. Généralement, le sujet à traiter est connu de tous les participants. Il peut être une personne, un animal ou un végétal. Si les donneurs sont dans la même pièce, ils agissent comme pour une séance individuelle de Reiki à distance. Par visualisation, ils envoient la force de leur pensée vers le sujet. Si les participants ne se réunissent pas dans la même pièce, ils doivent convenir d'une heure précise pour canaliser le Reiki en même temps, chacun depuis le lieu où il se trouve.

Aussi, certains ne connaissent pas la personne ou le sujet à traiter. Dans la même pièce, ou chacun chez soi, c'est à nouveau exactement à la même heure qu'ils vont pratiquer le Reiki à distance. Mais cette fois, ils utilisent un relais. C'est-à-dire qu'ils envoient l'énergie à une personne du groupe qui la reçoit et transmet l'ensemble des énergies reçues et sa propre énergie au sujet. Dans les deux cas, il convient de fixer une heure précise et de convenir d'une même pensée contenue dans la même phrase. Chaque membre du groupe doit se préparer à cette action par son propre rituel : relaxation et appel de l'énergie universelle. Il est préférable de fixer la durée de la séance à trois minutes.

CINQUIÈME PARTIE

Le Reiki appliqué aux différents troubles, symptômes, carences ou pathologies

AÉROPHAGIE

Gros estomac, ballonnements, éructations, sensation de pesanteur sous le sternum, «barre» sous la poitrine, fausses douleurs cardiaques, palpitations, spasmes... : autant de manifestations de cette affection difficile à cerner et dont la cause n'est pas gastrique mais nerveuse.

On peut même se demander si un «nerveux» y échappe jamais, sous l'une ou l'autre de ses formes.

L'apparition de nombreux troubles digestifs est l'une des caractéristique médicale de notre époque de tension, de stress, et l'aérophagie y occupe une place de choix.

Elle se traduit généralement par l'apparition de troubles bénins caractéristiques : une sensation de distension de l'estomac (ballonnements), une éructation anormale et une salivation fréquemment exagérée.

PRESCRIPTIONS :

- Disposez vos mains sur le Chakra Laryngé (main droite sur la gorge et main gauche derrière le cou). Traitez ensuite le plexus solaire (main supérieure sur l'estomac et main inférieure sur le nombril) et le bas-ventre (mains, position en V, posées entre le nombril et l'os pubien).

ANGINES

Très souvent, l'angine est banale, surtout si elle est due à un virus au changement de saison, avec gorge rouge et absence de fièvre.

Mais, attention, une angine peut cacher une atteinte sévère par une bactérie ou un virus particulièrement violent. Il est donc toujours conseillé de consulter un médecin, surtout si cette gêne de la gorge ne disparaît pas au bout de vingt-quatre heures à quarante-huit heures et que la température monte.

En attendant, pour enrayer ce symptôme de gorge douloureuse et le faire passer parfois sans médicament, vous pouvez pratiquer un traitement par le Reiki. Grâce à lui, vous augmenterez votre potentiel d'énergie vitale et votre système de défense sera renforcé.

PRESCRIPTIONS :

- Disposez vos mains de part et d'autre de la gorge, au niveau du Chakra Laryngé. Vous pouvez également placer une main sous la nuque et l'autre sur la gorge en la maintenant sous tension afin d'éviter toute pression sur les cordes vocales.

ANGOISSE

Certaines personnes sont plus émotives que d'autres et s'inquiètent pour peu de choses, ou bien redoutent plus que la normale des épreuves comme les examens universitaires ou le permis de conduire, perdant ainsi tous leurs moyens.

Dans ces conditions, le Reiki peut aider à se détendre et à être moins angoissé.

Si, au contraire, l'angoisse est profonde, grave et permanente, cela indique un déséquilibre de la personnalité et nécessite le concours du médecin ou du spécialiste.

PRESCRIPTIONS :

- Posez vos mains au niveau du plexus solaire de votre partenaire, et maintenez cette position pendant quinze minutes. Vous pouvez également poser vos mains sur le Chrakra Coronal situé au-dessus de la tête, au centre du crâne.

ACNÉ

L'ASPECT de notre peau est tout à fait révélateur de notre psychisme intérieur. Les peaux très fragiles appartiennent souvent aux personnes sensibles. Au contraire, les peaux plus résistantes appartiennent à celles qui développent un système d'autodéfense vis-à-vis des agressions extérieures, quelles qu'elles soient. Le stress et le surmenage sont d'ailleurs les causes les plus fréquentes des affectations de la peau.

Comme vous le savez, l'acné se rencontre souvent à la période de l'adolescence, phase transitoire de l'entrée dans la vie adulte. Cette période est fréquemment vécue de manière difficile par les jeunes adolescents. On peut noter à ce sujet que l'expression «il est mal dans sa peau» est tout à fait révélateur de ce type de symptôme.

PRESCRIPTIONS :

- Agir sur le foie et les reins par des impositions successives sur ces organes afin d'en stimuler le fonctionnement. Pendant le traitement, le patient devra faire attention à son régime alimentaire et nettoyer son visage régulièrement.

APHTE

C'EST, en principe, une affection bénigne et temporaire des muqueuses de la bouche. L'aphte est une sorte de vésicule superficielle qui apparaît soudainement et s'ulcère. Il est alors très douloureux, surtout lorsqu'il n'est pas isolé. L'apparition des aphtes correspond à un certain désordre alimentaire et, notamment, à une carence en vitamines. Devant la persistance, l'extension ou la répétition des aphtes, il convient de consulter un médecin, mais, dans la plupart des cas, ils disparaissent au bout de quelques jours.

Comme vous devez le savoir, bon nombre d'aliments peuvent jouer un rôle de facteurs favorisant l'apparition des aphtes buccaux. Il est donc conseillé d'éviter certains d'entre eux (gruyère, noix, amandes, épices, chocolat...) pendant quelques jours. À côté de ce régime, vous pouvez utiliser le traitement par le Reiki qui est tout à fait efficace pour traiter rapidement les aphtes.

PRESCRIPTIONS :

- Disposez les mains, position en V, de chaque côté de la mâchoire. Restez dans cette position au moins dix minutes, puis traitez l'occiput pendant cinq minutes (mains derrière la tête).

ASTHME

L'ASTHME se caractérise par un essoufflement pendant l'effort, ou même au repos, avec de la difficulté à respirer et une sensation d'étouffement.

Son traitement est complexe en médecine classique du fait des nombreuses causes et facteurs déclenchants. En effet, l'asthme peut cacher une allergie, un asthme cardiaque ou bien encore un asthme bronchitique.

Mais si une surveillance médicale régulière est préférable pour calmer la crise au moment où elle se déclenche, ont peut en revanche appliquer un traitement par le Reiki qui soulage les patients et les aide à mieux respirer.

Cette méthode peut apporter une assistance non négligeable au traitement médicamenteux chez les grands malades.

PRESCRIPTIONS :

- Lors d'une crise d'asthme, vous pouvez poser une main sur le plexus solaire et l'autre sur la poitrine. Aussi, il faut rappeler que certains sujets sensibles des bronches ne supportent pas la fumée de tabac, ni celle de l'encens. Pratiquez donc ce traitement dans une pièce aérée, mais pas froide.

BAISSE DE LA VUE

(PRESBYTIE, MYOPIE)

Votre vue a toujours été excellente, ou bien vous portez les même lunettes depuis longtemps. Mais, un jour, vous constatez que vous avez de la difficulté à voir les objets rapprochés de façon nette et vous en éprouvez de la fatigue. Ce symptôme s'appelle la presbytie, et correspond à une diminution de l'amplitude de l'accommodation due au vieillissement des yeux. Vous pouvez souffrir aussi d'une myopie stabilisée qui, à l'occasion d'une grande période de fatigue ou par suite de maladie, s'aggrave et évolue avec le temps. Dans toutes ces circonstances, il est conseillé de consulter un ophtalmologiste pour dépister d'autres maladies des yeux comme une cataracte, une infection comme l'herpès ou même une allergie. Mais, pour ralentir la chute de la vue, on peut utiliser la méthode du Reiki.

PRESCRIPTIONS :

- Les Chakras des yeux et les yeux souffrent généralement d'une carence en énergie. Les yeux ne doivent pas être énergétisés directement, car ils se congestionnent très facilement et leur condition empire. Ils doivent être traités par l'intermédiaire du Chakra Frontal ou Troisième Œil, de la nuque et des tempes.

BLESSURES

Il est possible d'appliquer le Reiki en cas de blessures légères. Il vous suffit de transmettre l'énergie du Reiki au-dessus de la blessure pendant environ quinze minutes. Il est fortement déconseillé que les mains soient en contact direct avec la plaie.

Ce type de traitement permet de diminuer la douleur, d'agir préventivement contre les inflammations et les infections et stimule le processus de cicatrisation.

En cas de blessure grave ou infectée, il est nécessaire de consulter un médecin afin de vous faire prescrire un traitement général.

PRESCRIPTIONS :

- Disposez vos mains au-dessus de la zone affectée sans toucher la plaie. Aussi, vous pouvez appliquer un traitement complet tous les deux ou trois jours, dans le cas de blessures importantes. Nous précisons que ce type de traitement est aussi valable pour les brûlures.

CHEVILLE

(DOULEUR, RHUMATISME)

S'IL s'agit d'une douleur consécutive à un choc ou un accident, il est nécessaire, le plus souvent, de faire une radiographie et d'éliminer une fracture.

Dans beaucoup d'autres cas où la douleur est ancienne, il peut s'agir d'un rhumatisme. Une cheville peut être douloureuse par les suites lointaines d'un traumatisme, d'une fracture, ou par élongation du tendon.

Aussi, et dans d'autres cas, la cheville peut rester seulement sensible et fragile, se tordant facilement et se prédisposant aux entorses à rechutes.

Dans tous les cas, le Reiki est utile, capable d'enlever toute douleur et de fortifier l'articulation.

PRESCRIPTIONS :

- Posez les mains, les doigts bien fermés sur le dessus du pied pendant dix minutes puis prenez confortablement le talon de chaque pied et appuyez-le dans le Chakra de chacune de vos mains. Après cette prise de contact, disposez-les au-dessous de la malléole du tibia, en entourant la face interne et externe de la cheville.

COLONNE VERTÉBRALE

(DOULEUR, RHUMATISME)

La colonne vertébrale a beaucoup de raisons d'être douloureuse. Les malformations congénitales, les troubles de croissance, la scoliose préparent le terrain. La sédentarité, par le manque de musculation du dos qu'elle entraîne, est souvent responsable de l'aggravation ou du déclenchement de la douleur. S'y ajoutent des métiers pénibles, dactylo, couturière, standardiste, qui fragilisent la colonne vertébrale. Avec l'âge, les vertèbres ont aussi tendance à dégénérer. Et, par rhumatisme de la colonne, on entend principalement l'arthrose ou la fragilisation de l'os par décalcification. Quelquefois, le mal de dos est dû tout simplement à la fatigue et aux contractures musculaires par surmenage ou nervosité. Comme l'on dit dans le langage commun : «On en a plein le dos !»

PRESCRIPTIONS :

- Placez vos mains sur la ou les zones où l'on ressent la douleur maximale. Gardez cette position pendant quinze minutes. Vous pouvez également appliquer le traitement de base réservé exclusivement à la partie dorsale du corps (voir positions dans le descriptif du traitement de base).

CONSTIPATION

La constipation est une maladie de civilisation de plus en plus fréquente du fait de la sédentarité et d'erreurs de régime.

Mais il y a des facteurs importants qui sont un mauvais fonctionnement du foie et de la vésicule biliaire ou du pancréas, ou bien des intestins eux-mêmes qui augmentent la constipation.

Le Reiki et son traitement donnent des résultats spectaculaires et durables dans cette maladie pénible. Ils permettent de supprimer dans la plupart des cas les médicaments laxatifs dont l'usage prolongé peut provoquer une irritation de la muqueuse intestinale.

PRESCRIPTIONS :

- Appliquez le Reiki sur la zone du ventre et du bassin. Aussi, il est conseillé de traiter entre-temps et aussi souvent que possible le plexus solaire et le bas-ventre (voir positions dans le descriptif du traitement de base). Il est indispensable, pendant le traitement, de surveiller son alimentation et de se donner d'avantage d'exercices.

COUDE

(DOULEUR, RHUMATISME, SYNDROME DU JOUEUR DE TENNIS)

UNE douleur aiguë du coude survient lors d'un surmenage de cette articulation, particulièrement lors de la pratique du tennis. Ce syndrome du joueur de tennis est une inflammation du bout de l'os du coude. Mais on peut souffrir de ce mal après avoir tapé trop longtemps au marteau, ou encore utilisé de façon excessive une agrafeuse, un tournevis, etc. Le coude peut être douloureux par rhumatisme. Mais il faut se méfier, car la douleur du coude est souvent la projection d'un désordre situé plus haut, au niveau des cervicales.

PRESCRIPTIONS :

- Prenez confortablement le coude concerné et appuyez-le délicatement dans le Chakra de l'une de vos mains. Vous pouvez également traiter toute la région de la tête, des épaules et de la nuque. Appliquez en moyenne dix minutes de traitement pour chaque position.

CRAMPES MUSCULAIRES

LES crampes sont ces contractions musculaires brutales, douloureuses, d'un ou de plusieurs muscles, touchant le plus souvent le mollet, que nous avons tous éprouvées un jour ou l'autre dans une mauvaise position, au cours d'un bain froid, etc. Il serait trop compliqué d'évoquer ici les maladies qui se manifestent par des crampes, qu'elles soient d'origine circulatoire, métabolique ou neurologique. Les crampes, même à répétition, sont un indice tellement bénin que trop de personnes les négligent. Pourtant, c'est l'occasion de consulter et de faire un bilan. Parfois, aucune cause n'est trouvée. On les appelle alors des crampes idiopathiques. Dans ce cas, il est conseillé de pratiquer le Reiki.

PRESCRIPTIONS :

- Entourez délicatement la cheville concernée avec les deux mains au niveau de la pointe de la malléole interne. Aussi, vous pouvez appliquer vos deux mains sur le ventre du mollet (vous avez demandé préalablement au patient de se mettre sur le ventre). Au cours de ce traitement, il est bon de supprimer le thé, le café et le tabac.

DÉSINTOXICATION

Il serait hâtif de dire que le Reiki peut sevrer en un rien de temps une personne atteinte de toxicomanie. En revanche, il a le merveilleux pouvoir d'aider la personne intoxiquée à diminuer progressivement sa consommation. Il existe aujourd'hui des thérapies en médecine classique qui sont très efficaces pour désintoxiquer les grands fumeurs ou les grands consommateurs d'alcool.

Comme vous le savez, le sevrage n'est pas toujours brutal, mais progressif. Là encore, il s'agit plus du désir réel de la part du sujet de se débarrasser du tabac ou de l'alcool que de volonté de résister. C'est à ce niveau que le traitement par le Reiki intervient, il donne «un coup de main» vraiment efficace.

PRESCRIPTIONS :

- Nous vous recommandons de suivre le traitement complet tous les deux jours en insistant tout particulièrement sur les zones suivantes : tempes, plexus solaire, foie, pancréas, reins et plantes des pieds. Aussi, il est possible de suivre le traitement mental qui est tout à fait efficace pour les cures de désintoxication.

DIARRHÉE

Devant toute manifestation de diarrhée, il convient de faire un diagnostic et de conduire un traitement sérieux (en particulier chez le nouveau-né et l'enfant).

Ce trouble peut être causé par une infection bactérienne ou parasitaire ou des intoxications de toutes sortes.

Le Reiki peut être utilisé et même conseillé devant une petite diarrhée banale, infectieuse, due à un changement brutal de climat, ou après absorption de liquide froid, de glaces, ou encore dans le cadre plus général de «côlon irritable», à l'origine des colites, en complément ou non d'un traitement médical.

PRESCRIPTIONS :

- Appliquez les mains sur la zone du plexus solaire, sur la zone du foie et celle du pancréas. Si la diarrhée est aiguë, appliquez ce traitement deux fois par jour. Si la diarrhée est habituelle, appliquez-le tous les deux jours.

DOULEURS DENTAIRES

LA rage de dents est une des douleurs dont on a envie de se débarrasser au plus vite, tant il est vrai que, lancinante et violente, si près du cerveau, elle retentit sur les nerfs et le moral.

La rage de dents cache toujours une souffrance dentaire importante, comme une carie, dont il faut tenir compte.

On peut la soulager avec un traitement par le Reiki en attendant le rendez-vous chez le dentiste.

PRESCRIPTIONS :

- Deux centres énergétiques agissent sur les dents : le premier Chakra, le Chakra Coronal et le troisième Chakra, le Chakra Laryngé. Vous pouvez également agir sur les plantes des pieds, depuis les orteils jusqu'au milieu du pied. Si la douleur persiste, faites des impositions palmaires sur la mâchoire, au niveau de la dent douloureuse.

DOULEUR À LA HANCHE

La hanche est une articulation qui peut souffrir d'arthrose. Les douleurs sont importantes car tout le poids du corps vient porter sur la tête du fémur. En cas d'arthrose banale ou moyenne de la hanche, ou bien en cas de douleur après un traumatisme, le Reiki joue un rôle de premier ordre. Mais attention, aucun traitement ne doit être entrepris sans une consultation préalable, car une douleur aiguë de la hanche peut cacher une nécrose de la tête fémorale, une fracture du col du fémur, etc. À l'inverse, après fracture et opération chirurgicale, les positions indiquées ci-dessous peuvent aider concrètement à l'accélération de la consolidation.

PRESCRIPTIONS :

- Traitez plusieurs fois par jour pendant au moins quinze minutes, directement au niveau de la hanche. Donnez en outre au moins cinq minutes de Reiki au sacrum et en dessous du coccyx jusqu'au périnée. Plus les applications seront nombreuses, mieux cela vaudra.

ECZÉMA, PSORIASIS, NEURO-DERMATOSES

Les maladies chroniques de la peau : eczéma, psoriasis, neuro-dermatoses, connaissent plusieurs origines et plusieurs facteurs, aussi bien héréditaires ou constitutionnels qu'allergiques que psychiques. Pour ces maladies de peau, il faut consulter un médecin ou un spécialiste. Les traitements sont variables selon la cause. Généralement, il nécessite une prise de médicaments appropriés ou bien encore un régime diététique particulier. Le Reiki joue un rôle précieux pour diminuer ou faire disparaître les plaques localisées d'eczéma ou de psoriasis. Ce conseil est surtout valable si les plaques d'eczéma ou de psoriasis ne sont pas trop étendues, mais localisées à de petites parties du corps.

PRESCRIPTIONS :

- Il est conseillé généralement de traiter le foie ainsi que le système nerveux, en particulier au niveau du Chakra Coronal, situé au-dessus de la tête, au centre du crâne. Un traitement mental est aussi efficace pour les maladies de peau d'origines psychiques.

ENROUEMENT

CETTE altération de la voix que l'on appelle enrouement est plus un symptôme qu'une maladie en soi. On observe l'enrouement dans toutes les maladies du larynx et, très souvent, dans les affections graves ou bénignes des voies respiratoires. À la suite d'un rhume, pendant et après une grippe, il est possible que vous soyez enroué. L'enrouement chronique peut être le fait d'une ulcération syphilitique ou d'une tuberculose pulmonaire. Dans ce dernier cas, l'enrouement est souvent le premier symptôme. Pour ces affections graves, il s'agit évidemment non pas de soigner l'enrouement, mais le mal lui-même. Les enrouements passagers peuvent être dus au froid, à l'excès de paroles, à l'irritation provoquée par le tabac ou l'alcool.

PRESCRIPTIONS :

- Disposez les mains sur l'avant du cou puis sur la clavicule et enfin sur le plexus solaire. Adoptez ces positions chaque jour pendant au moins dix minutes chacune, jusqu'à résorption du symptôme.

ENTORSE

Les entorses ou foulures sont généralement dues à une chute, à un faux mouvement ou à une violente pression qui provoquent une élongation, une déchirure, voire un arrachement des ligaments qui constituent une articulation. Les entorses peuvent se déclencher au niveau de n'importe quelle articulation, mais elles se manifestent particulièrement au poignet, à la cheville, au genou et au coude. Une entorse est très douloureuse ; elle est suivie d'une raideur puis d'une incapacité de mouvements. Au moment de l'entorse, il y a afflux de liquide articulaire et, par la suite, un gonflement inflammatoire. Le gonflement et le déplacement momentané de l'os provoquent la rupture des vaisseaux sanguins, d'où l'apparition d'ecchymoses. Après avoir fait faire une radiographie par votre médecin, vous pouvez utiliser le Reiki qui vous soulagera immédiatement ; il permettra au sang de mieux circuler et combattra le gonflement.

PRESCRIPTIONS :

- Traitez aussi rapidement que possible l'entorse pendant au moins trente minutes. L'effet du Reiki est d'accroître la douleur dans un premier temps puis de la réduire. Persistez dans le traitement si la douleur ne diminue pas.

ÉPAULE BLOQUÉE

Les douleurs et les rhumatismes de l'épaule sont très fréquents. Dans ce cas, l'épaule fait souffrir au repos, la nuit, et empêche de dormir. Quelquefois même, tous les mouvements sont difficiles et l'épaule est plus ou moins bloquée. Il est nécessaire de faire une radiographie, qui montre assez souvent une calcification des tendons de l'épaule. Après avis médical et diagnostic précis, ont peut soulager cette douleur par une pratique régulière du Reiki. Après le traitement, il n'est pas impossible d'avoir la bonne surprise de voir, au cours d'une radio de contrôle, la calcification diminuer et même disparaître.

PRESCRIPTIONS :

- Disposez les deux mains sur chacune des épaules du patient qui est allongé sur le ventre. Couvrez ensuite la partie dorsale du plexus solaire. Il est recommandé de garder chaque position pendant dix minutes. Les soins doivent s'effectuer tous les jours, puis tous les deux jours pendant deux semaines.

FATIGUE CHRONIQUE

La fatigue est un symptôme banal après une journée de travail, un effort, une période de surmenage, ou après une maladie qui a «pompé» les réserves de l'organisme. Mais toute fatigue qui s'installe sans raison apparente doit nous pousser à aller consulter le médecin, qui demandera les examens nécessaires pour dépister une anémie, une infection ou toute autre maladie.

Lorsque l'on connaît avec précision l'origine de sa fatigue, et dans tous les cas, à la seule exclusion d'une infection avec fièvre, on pourra remonter son énergie et son tonus vital d'une façon étonnante tant l'effet du Reiki est rapide et spectaculaire.

PRESCRIPTIONS :

- Il est conseillé de pratiquer le traitement de base, en gardant chaque position au moins pendant cinq minutes.

FIÈVRE

LA fièvre permet au corps humain de lutter contre une affection. Elle se caractérise par une élévation anormale de la température constante du corps, souvent accompagnée de divers troubles (accélération des rythmes cardiaques et respiratoire, malaise général...).

Pour un adulte, il est conseillé de consulter un médecin si la fièvre dépasse les 40°C.

Certains médicaments prescrits par la médecine classique sont très performants pour faire baisser la fièvre mais généralement les troubles persistent.

Un traitement par le Reiki est alors tout à fait efficace. Il renforce les mécanismes de défense du corps en stimulant les os des bras et des jambes, augmentant ainsi le niveau d'énergie du corps, et enfin la guérison des troubles des parties affectées.

PRESCRIPTIONS :

- Sondez le corps entier en mettant l'accent sur les Chakras principaux, les organes vitaux et la colonne vertébrale. Insistez sur le Chakra du plexus solaire. Ensuite, localisez vos mains sur la plante des pieds et, enfin, sur le Chakra Coronal.

FRIGIDITÉ

LES troubles de la libido connaissent diverses causes, et l'abord psychologique de ces problèmes se révèle nécessaire, surtout quand la femme n'a jamais connu de plaisir ou n'éprouve aucune attirance physique.

Toutefois, il y a des circonstances où la libido peut chuter d'un coup alors qu'elle était jusque-là normale.

Cela arrive, par exemple, après une période de surmenage, un stress psychologique, ou encore au moment de la ménopause.

Le mot «frigidité» vient du latin et contient la signification de froid d'où la nécessité de réchauffer par l'énergie du Reiki.

PRESCRIPTIONS :

● Appliquez le traitement complet de base en insistant sur les zones du plexus solaire et du nombril. Ensuite, posez votre main droite confortablement sur l'aine gauche et votre main gauche sur l'aine droite. Si ce trouble est d'origine psychologique, effectuez un traitement mental en insistant sur la zone du Chakra Coronal et le Chakra Coccigien (jambes, pieds, sacrum et reins).

GASTRITE

Les gastrites aiguës ou chroniques sont des inflammations de l'estomac. Elles peuvent être dues, entre autres, à des excès ou à des intoxications alimentaires, à une allergie, à un virus. Les premières se traduisent par des nausées, des vomissements, une langue chargée, une mauvaise haleine, des douleurs stomacales voire de la diarrhée. Les secondent ajoutent à ces symptômes un amaigrissement sérieux, et, parfois, des vomissements de sang. L'estomac est un organe précieux pour lequel nous devrions avoir beaucoup d'égards. Il accuse les écarts aux règles fondamentales de la diététique et de l'hygiène de vie : les aigreurs ou brûlures d'estomac sont généralement les premières manifestations. Un traitement par le Reiki peut s'avérer très efficace dans tous les cas. Bien entendu, en cas de gastrite aiguë, il est conseillé de consulter un médecin.

PRESCRIPTIONS :

- Disposez les mains sous la poitrine droite afin de traiter l'estomac, le foie et le pancréas, puis sous la poitrine gauche afin de traiter les intestins. Gardez ces positions pendant au moins quinze minutes. Deux séances par jour sont indispensables.

GRIPPE

LA grippe est une maladie infectieuse qui sévit particulièrement au début de l'hiver et au printemps, quelquefois sous forme de véritable épidémie (la «grippe asiatique», due au virus de Hong-Kong, qui a provoqué 23 600 décès en 1969, est présente dans toutes les mémoires).

On a trop souvent tendance à croire que la grippe peut être jugulée avec quelques grogs et de l'aspirine. La grippe doit être prise au sérieux ; elle peut entraîner de graves complications pulmonaires, intestinales, cardiaques, méningés.

Elle est transmissible par des virus qui pénètrent par le nez, la trachée, les bronches et envahissent rapidement d'autres cellules et le contaminé se retrouve au lit avec 40°C de fièvre, des frissons, des courbatures et des migraines, sans parler d'une intense fatigue.

PRESCRIPTIONS :

- Traitez les plantes des pieds, le plexus solaire, la glande du thymus, juste au-dessous du cou puis le bas-ventre (les mains en forme de V entre l'os iliaque et le pubis). Gardez ces positions pendant dix minutes et appliquez ce traitement tous les jours jusqu'à atténuation de la grippe.

HÉMORROÏDES

LES hémorroïdes sont une dilatation des veines de l'anus. Ils font partie des maladies banales qui peuvent être très ennuyeuses par la douleur ou les saignements qu'elles provoquent. Même s'il s'agit le plus souvent d'un mal bénin, une consultation médicale se révèle utile dans un premier temps. Les solutions médicales permettent, par l'emploi de médicaments ou de plantes, de drainer la circulation et le foie, de résoudre un problème de constipation qui les aggrave, etc. En cas de crise, on utilise des antalgiques et des pommades anti-inflammatoires. Pour les degrés minimes et moyens d'hémorroïdes, le Reiki jouit d'une grande réputation d'efficacité, tout à fait justifiée. Mais, en cas de crise, il est possible aussi de l'appliquer. Ce dernier peut apporter un soulagement réel, rapide et durable.

PRESCRIPTIONS :

- Disposez les mains au niveau du sacrum (au-dessus de la raie des fesses) puis sous le coccyx en direction du périnée, le long de la colonne vertébrale, au niveau du plexus solaire et, enfin, sur les plantes des pieds. Appliquez un traitement pendant six minutes dans chacune des positions.

HYPERTENSION, HYPOTENSION

La tension artérielle est une entité variable qui dépend de chaque individu. Chez certains, elle est stable quoi qu'il arrive ; d'autres souffrent d'hypertension ; d'autres au contraire d'hypotension. Ce sont en général des individus faibles, fragiles et fatigables, et, au moindre surmenage ou contrariété, leur tension chute ou augmente de façon considérable jusqu'à leur donner des signes handicapants (évanouissement, syncope…). Il existe de bons médicaments pour remonter ou abaisser la tension, et même un traitement de fond qui est institué après consultation éventuelle du cardiologue pour vérifier si tout va bien du côté du cœur. À côté de ces traitements, celui du Reiki peut aider considérablement à modifier la tension, à se sentir mieux et à redonner la forme.

PRESCRIPTIONS :

- Disposez les mains sur le Chakra Frontal ou Troisième Œil puis sur la nuque et le cou en même temps, sur la gorge et sur la nuque en même temps, sur le plexus solaire, les reins, puis les plantes des pieds. Pour l'hypertension, évitez de traiter la tête, et insistez sur le plexus solaire.

173

IMPUISSANCE SEXUELLE

L'IMPOSSIBILITÉ totale ou partielle de l'érection est l'impuissance, qui, comme la frigidité, peut avoir plusieurs causes. Elle peut être organique (artérité, diabète), due à l'exagération de tabac ou de l'alcool, provoquée par certains médicaments, ou survenir après la quarantaine ou lors de surmenage excessif. Les troubles primaires de la libido sont, en revanche, en relation probable avec des problèmes psycho-affectifs, et nécessitent le recours à un spécialiste. Après un diagnostic précis, le Reiki, seul ou en complément d'autres traitements, peut apporter dans les défaillances sexuelles une solution réellement efficace.

PRESCRIPTIONS :

- Disposez les mains sur le Chakra Coronal puis sur le Chakra Frontal ou Troisième Œil. Placez-les ensuite délicatement au niveau du plexus solaire puis entre le nombril et l'os du pubis, position en V. Vous pouvez également appliquer un traitement mental.

174

INSOMNIE

La perturbation du sommeil revêt des aspects divers : impossibilité de s'endormir, forme la plus fréquente, avec rumination des activités de la veille, des projets ou des soucis. Les mêmes pensées peuvent, au contraire, assaillir une personne qui s'est endormie normalement en la réveillant vers 3 ou 4 heures du matin, ou même plus tôt. Dans tous les cas, le lendemain, la fatigue vient trahir le mauvais sommeil, qui, s'accumulant, peut déprimer l'insomniaque. L'insomnie doit être considérée comme le symptôme d'alarme de quelque chose qui ne tourne pas rond. Quelquefois, des mesures diététiques, sportives ou de repos doivent être entreprises. Avant d'entamer le cercle vicieux des somnifères, mieux vaut utiliser tous les moyens naturels dont on dispose, et le Reiki se révèle ici bien utile.

PRESCRIPTIONS :

- Disposez les mains sur les tempes, le cœur, le plexus solaire, puis posez-les en forme de V entre le nombril et le pubis. Pour finir, traitez les plantes des pieds, depuis les orteils jusqu'au milieu du pied. Appliquez les positions tous les jours, à raison de sept minutes chacune.

LUMBAGO

LA partie lombaire de la colonne vertébrale est une des régions les plus fragiles.

La fatigue, les longs trajets en voiture, les efforts violents, les courants d'air ou même des problèmes psychiques peuvent entraîner des douleurs dans cette région.

Le lumbago, c'est la douleur aiguë avec blocage. Le sujet souffre tellement qu'il ne peut même plus se relever ni se pencher.

Dans ce cas où la solution est médicale, le Reiki apporte un bénéfice considérable.

PRESCRIPTIONS :

• Disposez les mains sur le sacrum, la colonne cervicale en partant du cou, de chaque côté de la colonne vertébrale puis les plantes des pieds.

Appliquez ce traitement régulièrement, s'il le faut plusieurs fois par jour, chacune des positions pendant au moins 10 minutes.

PALPITATIONS CARDIAQUES

LES palpitations, c'est sentir son cœur faire un bond, s'arrêter ou s'emballer brièvement. Ce symptôme angoisse plus le malade qu'il n'est réellement dangereux. Inutile, donc, d'encourager le patient à consulter, il le fera spontanément de lui-même, ce qui est parfaitement justifié dans un premier temps pour écarter tout risque cardiaque réel, avec électrocardiogramme selon l'appréciation du médecin. La plupart du temps, cependant, les palpitations sont dues à un terrain nerveux avec hyperexcitabilité du système sympathique et présence d'anxiété, voire de spasmophilie. Dans ce contexte, le Reiki prend sa part dans le traitement pour calmer les nerfs et le cœur du patient, à côté d'autres mesures médicales et surtout de modifications du rythme de vie.

PRESCRIPTIONS :

- Appliquez les mains sur le Chakra Cardiaque et sur le plexus solaire. Le traitement nécessite dix minutes dans chaque position et doit être appliqué trois fois par semaine.

PARALYSIE FACIALE

CETTE affection est souvent causée par un courant d'air froid, comme le subit, par exemple, un conducteur au volant de sa voiture. Tous les muscles d'un côté du visage sont paralysés et la récupération peut nécessiter de nombreux jours, voire des semaines. Le traitement par le Reiki s'impose d'ailleurs par ses résultats, car le bénéfice sur le temps de récupération du nerf facial est très important à condition de s'y prendre au tout début, les premiers jours de préférence, et de faire une séance tous les jours, ou même deux.

Toutefois, nous conseillons de consulter un médecin si la paralysie persiste car elle peut être d'origine circulatoire cérébrale ou causée par une maladie neurologique.

PRESCRIPTIONS :

- Traitez le Chakra Coronal puis le Chakra Frontal ou Troisième Œil. Disposez vos mains de chaque côté des tempes, puis couvrez les oreilles.

PIQÛRES D'INSECTE

CERTAINES personnes qui ne connaissait pas le Reiki ont déjà entendu parler de l'effet de la chaleur appliquée immédiatement après une piqûre d'insecte, et l'ont déjà expérimenté. Il faut savoir que la chaleur détruit instantanément les molécules du venin, et c'est pour cette raison qu'un traitement par le Reiki est tout à fait bénéfique. La chaleur de l'énergie vitale transmise par les mains permet de traiter immédiatement l'endroit de la piqûre afin qu'il se produise une réduction substantielle de l'enflure ou de l'inflammation.

PRESCRIPTIONS :

- Traitez directement la zone affectée par la piqûre puis la zone du plexus solaire.

RÈGLES

(DOULOUREUSES, IRRÉGULIÈRES)

LA période des règles est souvent un moment critique du cycle pour la femme. Il se produit en effet une perturbation du comportement, avec irritabilité, anxiété et fatigue. Cette perturbation et la fatigue sont décuplées lorsque en plus les règles sont douloureuses (douleurs dans le bas-ventre accompagnées ou non de douleurs dans les lombes, de migraines et de vomissements). L'apparition de règles douloureuses chez une femme qui ne souffrait pas jusque-là doit motiver une consultation pour rechercher une origine organique ou une infection. Mais certaines femmes ont des règles douloureuses depuis la puberté jusqu'à la ménopause. Toutes les perturbations psychologiques ou affectives représentent des facteurs aggravants. Dans ces cas, le Reiki peut aider puissamment la femme à réduire ou supprimer la douleur et les perturbations dues aux règles.

PRESCRIPTIONS :

- Appliquez les mains, position en V, au-dessus du pubis. Ce traitement s'effectue strictement en dehors des règles et dix jours avant leur venue.

RHUMATISMES

LES rhumatismes se caractérisent par une atteinte inflammatoire ou dégénérative des os et des articulations en touchant parfois des muscles, des nerfs sensitifs ou moteurs.

L'atteinte des os peut être banale et traduit leur dégénérescence habituelle avec l'âge, soit par arthrose, soit par déminéralisation. D'autres maladies plus complexes sont décrites par les rhumatologues et s'inscrivent dans des maladies de système avec atteinte des organes.

Le Reiki représente sans doute, malgré les progrès de la médecine, un des moyens de soulager ces douleurs des os si tenaces et handicapantes.

PRESCRIPTIONS :

- Appliquez vos mains sur les régions affectées en insistant tout particulièrement sur le chakra Frontal ou Troisième Œil, puis sur le foie et le plexus solaire. S'il s'agit de rhumatismes au niveau des jambes, traitez les hanches, le genou et les pieds. Répétez ce traitement trois fois par semaine pendant au moins un mois.

RHUME

Chacun d'entre nous est exposé à ce genre d'ennui au moment des refroidissement de l'automne et de l'hiver. Les symptômes du rhume commencent généralement par des éternuements, le nez qui se bouche, une légère céphalée et une sensation de froid interne. Tout cela traduit l'invasion du virus.

Dès ces premiers signes, et sans attendre d'être dépassé si l'on veut être efficace, on peut appliquer le Reiki pour enrayer le rhume.

Ces symptômes peuvent être également accompagnés de frissons et d'une fièvre modérée annonçant le début d'une grippe.

PRESCRIPTIONS :

- Appliquez les mains sur le front parallèlement au nez, sur les tempes puis sur les oreilles. Ensuite, disposez-les sur le plexus solaire, sur le bas-ventre entre le nombril et l'os pubien, puis sur les plantes des pieds. Appliquez ce traitement plusieurs fois par jour en gardant chaque position au moins cinq minutes.

TORTICOLIS

LE torticolis survient généralement à la suite d'un faux mouvement ou bien après avoir dormi dans une mauvaise position, ou encore après l'exposition à un courant d'air ou au froid. On se retrouve ainsi brutalement, et particulièrement le matin au lever, avec le cou tordu par la douleur.

Cette douleur est due à la contracture des muscles du cou, contracture provoquée par un déplacement mineur d'une des vertèbres cervicales.

Tout cela n'est pas grave, mais douloureux et handicapant, car on ne peut pas tourner la tête et on marche la nuque raide.

PRESCRIPTIONS :

- Disposez les mains sur la nuque, le cou et les épaules en gardant chaque position pendant au moins dix minutes. Ce traitement peut être effectué une à trois fois par jour si nécessaire pendant quarante-huit heures.

TOUX

Aᴘʀèꜱ une bronchite ou une grippe récente et un traitement d'attaque, il peut arriver que vous toussiez d'une toux grasse, ou au contraire d'une toux sèche, irritante, en quinte. Il ne faut jamais rester à «moitié guéri» d'une infection respiratoire. Il arrive souvent d'entendre qu'un asthme ou une bronchite chronique ont débuté à la suite d'une «bronchite mal soignée». En fait, c'est plutôt «mal suivie et consolidée» qu'il faudrait dire, et souvent de la faute du patient qui néglige le petit signe qui reste et qui par la suite dégénère. Dans ce cas, pour retrouver facilement la santé et supprimer ce symptôme traînant qui risquerait de durer, le Reiki est d'une aide précieuse. Si, au bout d'une semaine, malgré une à deux séances par jour, la toux ne s'arrête pas, à plus forte raison si fièvre, fatigue ou douleur au point de côté apparaissent, consultez votre médecin.

PRESCRIPTIONS :

- Appliquez vos mains sur le Chakra Frontal ou Troisième Œil, le Chakra Laryngé, le Chakra Cardiaque et le plexus solaire. Répétez le traitement plusieurs fois par jour aussi longtemps que nécessaire.

URTICAIRE

Les démangeaisons accompagnent plusieurs maladies différentes comme les maladies éruptives des enfants, la jaunisse, certaines anémies, le diabète, les champignons cutanés, les parasites intestinaux etc. C'est ce qu'on appelle le prurit. Un prurit persistant doit donc être exploré sur le plan médical, mais il existe un certain nombre de personnes qui souffrent de démangeaisons dues à un urticaire dont elles connaissent la cause car il se répète, déclenché par le froid ou le soleil, ou bien par l'absorption d'un aliment particulier. Il existe enfin d'autres personnes qui présentent épisodiquement un urticaire récidivant sans qu'aucune cause n'ait été trouvée malgré un examen médical. Ce type d'urticaire survient généralement sur un terrain nerveux particulier avec migraines et déséquilibre du système neuro-végétatif. Dans tous les cas, le Reiki peut aider à la résorption de la crise et à calmer rapidement les démangeaisons.

PRESCRIPTIONS :

- Appliquez les mains sur les zones affectées en insistant sur le Chakra Laryngé et le plexus solaire. Deux à quatre séances par jour sont nécessaires en cas de crise. Une séance deux fois par semaine est nécessaire pour un traitement de fond.

VOMISSEMENT

L'EXCÈS de nourriture ou d'alcool provoque parfois une indigestion au cours de laquelle les vomissements sont précédés de nausées. Certaines personnes préfèrent respecter la nature et laisser évoluer les choses jusqu'à l'expulsion, en la favorisant même éventuellement. D'autres, au contraire, redoutent le vomissement, et pourront alors appliquer avantageusement le Reiki qui, outre le fait de couper le réflexe nauséeux et les spasmes de l'estomac, aide à la digestion.

Dans certaines maladies où les vomissements sont incoercibles, avec l'expulsion des liquides organiques et des sels minéraux, mettant ainsi en danger l'équilibre intérieur, le Reiki sera d'un apport précieux et puissamment efficace, bien entendu sous contrôle médical, pour aider les autres thérapeutiques à stopper les vomissements.

PRESCRIPTIONS :

- Appliquez les mains sur la région de l'estomac et du foie en insistant sur la partie localisée entre la pointe du sternum et l'ombilic.

CONCLUSION

Voilà, maintenant que cet ouvrage se termine, nous espérons qu'il vous a fait entrevoir toute l'étendue des possibilités offertes par cette merveilleuse méthode qu'est le Reiki, une méthode qui, si vous la pratiquez assidûment, vous permettra de vivre harmonieusement et favorisera ce qu'il y a de spirituel en vous-même.

Nous vous rappelons en effet, pour finir, que la pratique du Reiki, nonobstant le fait qu'elle vous aidera à acquérir une santé irréprochable, à prolonger la jeunesse de votre corps, sera également un fantastique instrument qui vous permettra d'amplifier la formidable force intérieure qui est en vous depuis toujours et qui n'attendait qu'un déclic pour se libérer.

Nous vous souhaitons donc bonne route sur le chemin qui mène à l'amour universel grâce à un épanouissement total de la personnalité.

BIBLIOGRAPHIE

COQUETTE Dominique, *Chakras, Guide pratique d'éveil intérieur*, Éditions Trajectoire, Paris, 1995.

DUFOUR Élizabeth, *Reiki, Mystères et accomplissements*, Les Éditions Québecor INC., Québec, 1994.

FIS Anne-Marie, *Reiki, La voie des 5 principes*, Éditions Recto-Verseau, Suisse, 1995.

GAGNON Paulette, **LACHANGE** Nathalie, **DELADURANTAYE** André, *Reiki, un pont entre deux mondes*, Éditions Marie-Lakshmi Inc, Québec, 1995.

GIANCARLO Tarozzi, *Reiki, Énergie et guérison*, Éditions Amrita, Turin, 1992.

HOCHHUTH Klaudia, *Initiation au Reiki*, Éditions du Rocher, Paris, 1996.

HORAN Paula, *Reiki, Soigner, se soigner*, Éditions Entrelacs, Orsay, 1991.

LUBECK Walter, *Reiki et remèdes familiaux*, Éditions Guy Trédaniel, Paris, 1996.

MÜLLER Brigitte, **GUNTHER** Horst H., *Reiki, guéris toi-même*, Éditions Le Courrier du Livre, Paris, 1994.

ODOUL Michel, *L'harmonie des énergies, guide de la pratique Taoïste*, Éditions Dervy, Paris, 1993.

SCHULTE Stéphan, *Votre développement énergétique par le Reiki*, Éditions Entrelacs, Orsay, 1995.

SHARAMON Shalila, **BAGINSKI** Bodo J., *Reiki, Guérir, rééquilibrer grâce à la force universelle*, Éditions Guy Trédaniel, Paris, 1991.

STRUBIN Barbara Chinta, *Reiki, Force universelle de vie*, Éditions Recto-Verseau, Paris, 1989.

TONOSSI Danielle, *L'autotraitement en Reiki*, Éditions Recto-Verseau, Paris, 1993.

ZIEGLER Brigitte, *L'expérience temporelle et spirituelle du Reiki*, Éditions Entrelacs, Orsay, 1994.

TABLE DES MATIÈRES

Impression : EUROPE MEDIA DUPLICATION S.A.
F 53110 Lassay-les-Châteaux
N° 5032- Dépôt légal : MAI 1997